JN067934

古川順弘 著

京都古社に隠された歴史の謎

知られざる古都の
原像と信仰

ウェッジ

はじめに――古都の原像

桓武天皇が京都盆地の中央に新たに造営された都に入ったのは、延暦13年（794）10月22日のこと。山々と川に四方を囲まれ、天然の城のごとき形勝をそなえたこの新都は、平安が続く都となることを願われて、ほどなく平安京と名づけられた。

京都の歴史はこの西暦794年の平安遷都をもってはじまる――と思われがちである。

たしかに、〝都〟としての京都の歴史はそうである。そもそも、地名としての「京都」（「天子が居住する場所」という語義をもつ）という言葉は、平安遷都以後に生じたものだ。

しかし、この遷都以前、京都の地が不毛で、人がほとんど住んでいなかった、というわけでは全くない。

水の豊かなこの土地には、縄文時代・弥生時代から人びとが住み暮らしていて、古墳時代・飛鳥時代・奈良時代と時代をへるごとに独自の発展を重ねてきていた。京都は、平安遷都を迎えるまでに、長い前史をへていたのだ。

そして、人が生活していれば、必ずそこに信仰が生じる。古代日本の場合でいえば、住民たちはその土地に根ざした神を崇め、社をもうけて祀る。そして、豊穣や息災を祈る。

このことを証するように、京都盆地のそこかしこには平安遷都以前から神社が鎮まり、そこに住む人びとから手厚い祭祀を受けていた。

桓武天皇は遷都の6日後に、賀茂神と松尾神に神階を加えている。賀茂神は京都盆地を潤す賀茂川の岸に鎮座する賀茂神社（下鴨神社・上賀茂神社）、松尾神は同じく桂川の岸に鎮座する松尾大社で、ともに古くから地主神としてその地に祀られてきた神である。これらの神々に対して遷都後ただちに新たな神階を授与したというのは、桓武天皇が土着の神々を尊重し、土地に深く根ざした神社を大切に考えていたことの裏返しだろう。

そんな京都土着の古い神社に焦点を合わせ、それらの古社をめぐる歴史や信仰の深層を探ってみようというのが、本書のテーマである。したがって、取り上げる神社は、

「平安遷都以前から京都の地に存在する神社」にしぼってある。京都の神社といえば北野天満宮（てんまんぐう）や今宮（いまみや）神社、晴明（せいめい）神社なども有名だろうが、こちらは平安遷都後の誕生なので、取り上げていない。

そしてエリアは京都市街に限定せず、京都盆地一帯に視野を広げている。また第4章では、京都府北部の丹後（たんご）地方にある古社も、あえて「京都古社」として取り上げてみた。

京都は、日本の観光地として長らくナンバーワンの人気を誇ってきた。とくに近年は外国人観光客の多さが話題になることが多い。コロナ禍で一時は激減したが、令和4年（2022）10月に入国制限が大幅に緩和されて以降、インバウンド需要は着実に回復し、今やコロナ前の水準を超えつつある。「最近の京都の観光客の8割は外国人」という話も耳にする。

しかし、観光客の大幅な増加は、騒音・ゴミ・渋滞などのトラブルを引き起こし、いわゆるオーバーツーリズム（観光公害）の問題を深刻化させている。本書を手にした人の中には、嵐山（あらしやま）や清水寺（きよみずでら）界隈のすさまじい人込みに出くわして、社寺めぐりに興醒めを覚えた方も少なくはないだろう。

しかし、本書で紹介している神社の多くは京都市街の外にあり、あまり観光名所化していない。だから、ハイシーズンであっても、さほど人込みに惑わされずに、落ち着いて参拝できるはずだ。そういう意味では、京都観光の「穴場」と言ってもいい。

しかもこれらの古社は京都の古層を形成してきた神社であり、平安遷都後の京都は、これらを土台に発展したと言っても過言ではない。そして、京都の歴史は日本の歴史と直結する。その意味では、日本の古層を形成してきたとも言えようか。

もちろん本書で取り上げた神社は〝京都古社〟のほんのごく一部にすぎない。本書をきっかけとして、京都古社に息づく歴史と信仰の深み・重みを味わう旅に出かけてもらえれば、幸いである。

2024年6月

古川順弘

目次

目次

第3章 古都を育んだ渡来人の信仰

目次

第4章 神話・伝説の舞台を訪ねる

目次

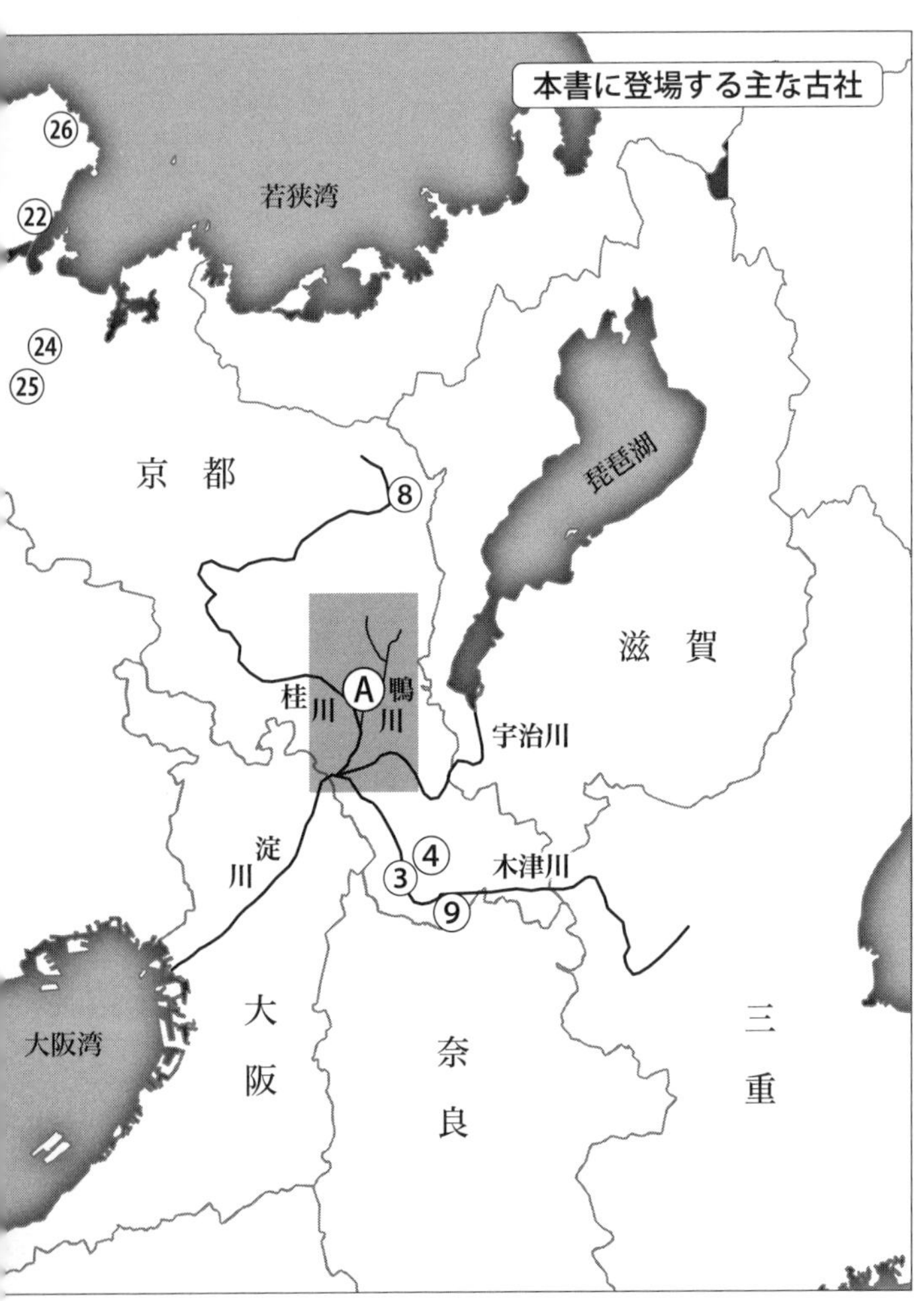
本書に登場する主な古社
㉖
若狭湾
㉒
㉔
㉕
京　都
⑧
琵琶湖
滋　賀
桂川
Ⓐ
鴨川
宇治川
淀川
④
③
木津川
⑨
大阪湾
大阪
奈良
三重

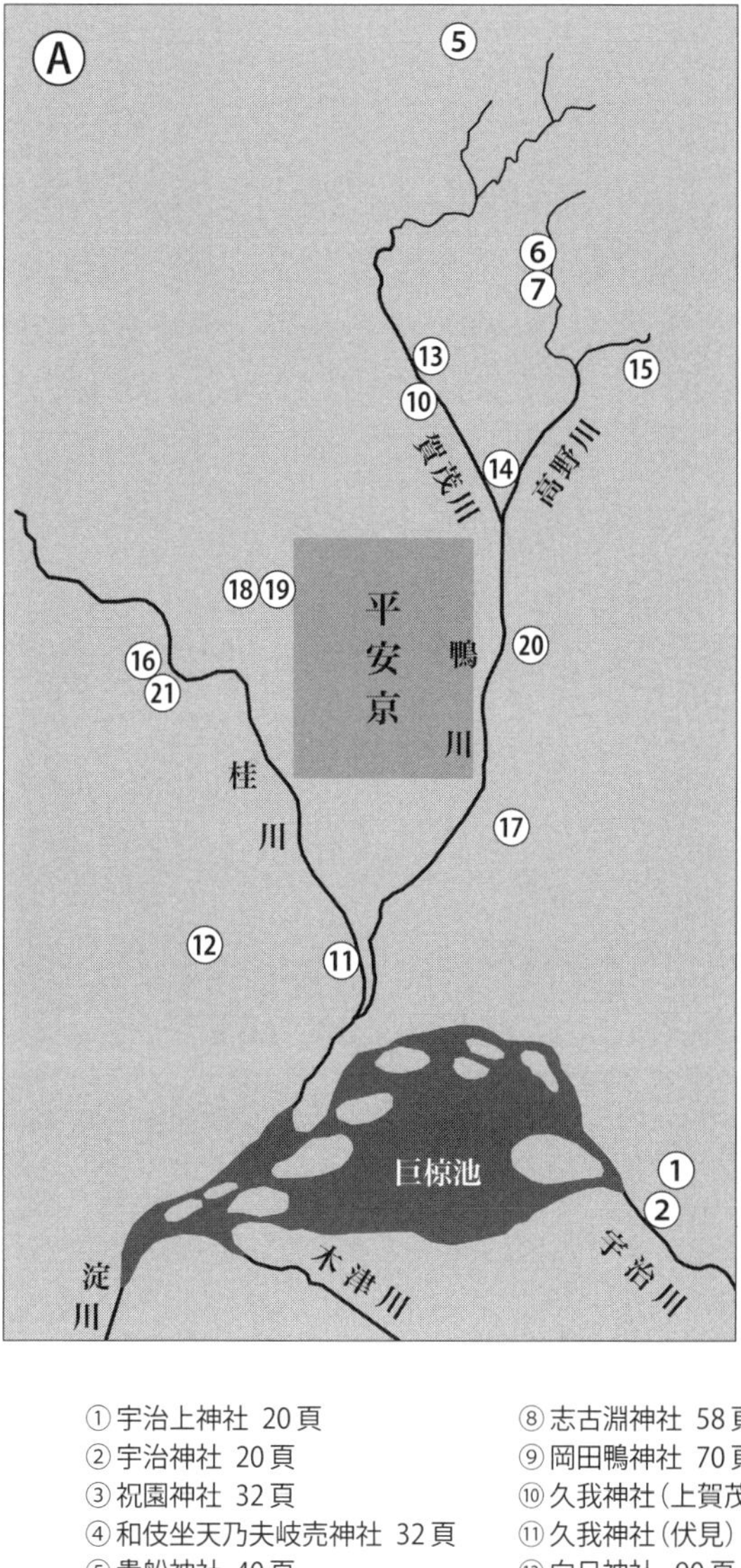

A

平安京
鴨川
賀茂川
高野川
桂川
巨椋池
淀川
木津川
宇治川

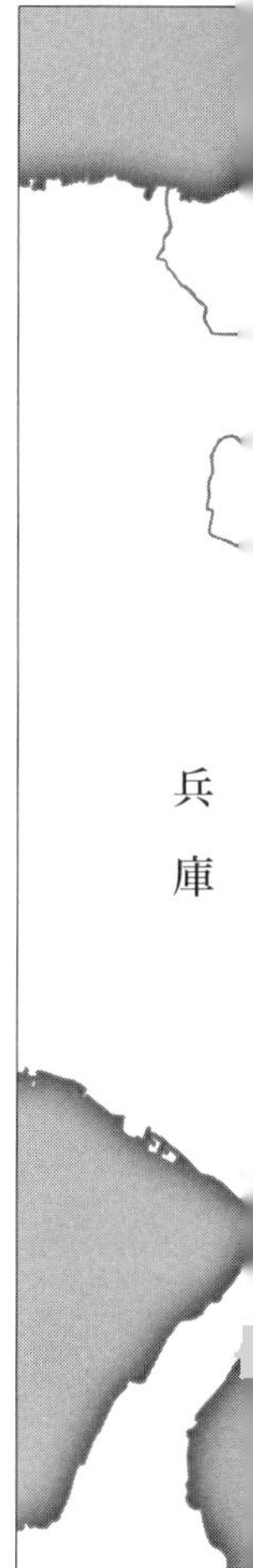

①宇治上神社 20頁
②宇治神社 20頁
③祝園神社 32頁
④和伎坐天乃夫岐売神社 32頁
⑤貴船神社 40頁
⑥石座神社 50頁
⑦山住神社 50頁
⑧志古淵神社 58頁
⑨岡田鴨神社 70頁
⑩久我神社（上賀茂）80頁
⑪久我神社（伏見）80頁
⑫向日神社 90頁
⑬賀茂別雷神社（上賀茂神社）102頁
⑭賀茂御祖神社（下鴨神社）116頁

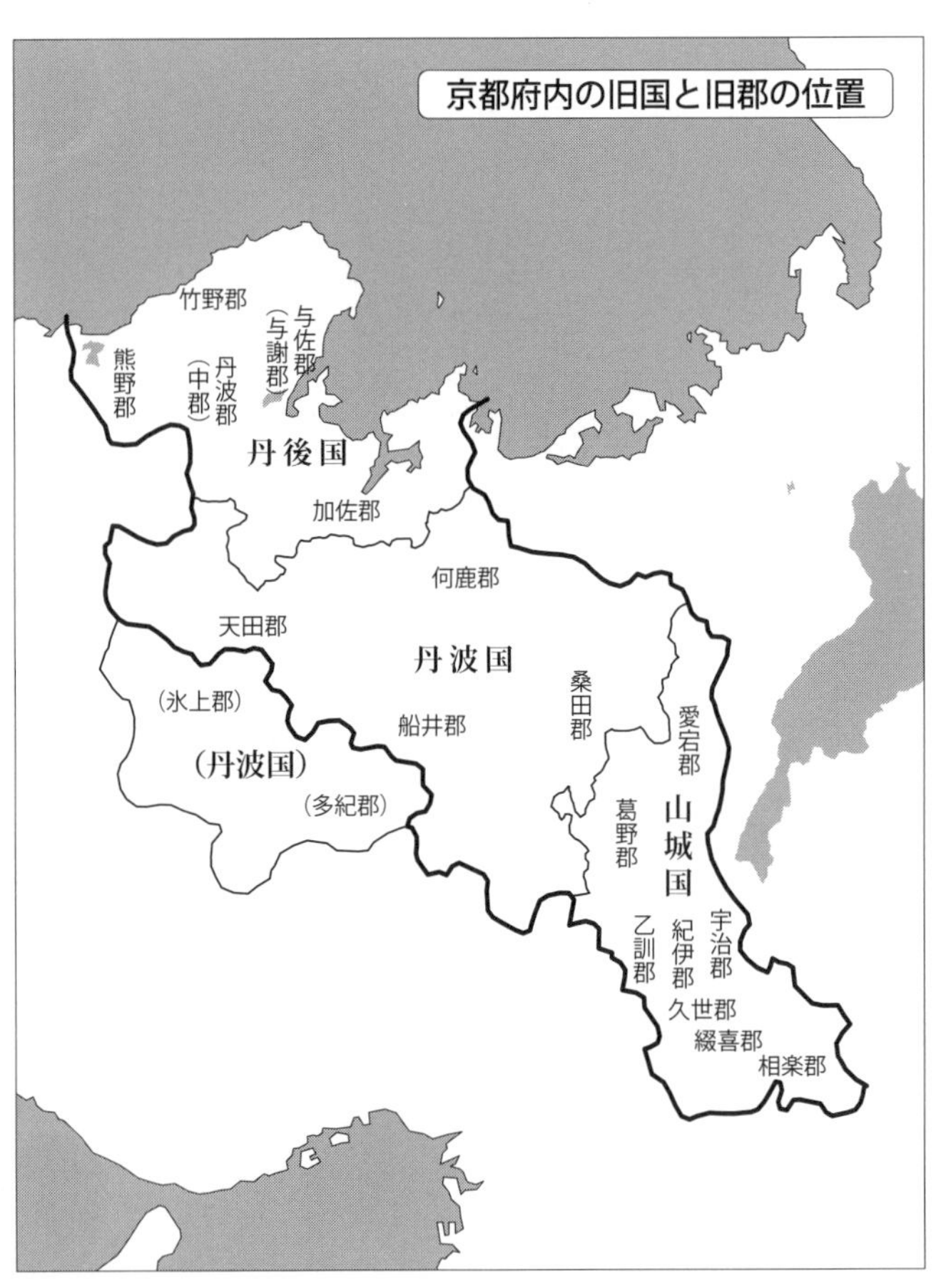
京都府内の旧国と旧郡の位置
竹野郡
熊野郡
丹波郡（中郡）
与佐郡（与謝郡）
丹後国
加佐郡
何鹿郡
天田郡
丹波国
（氷上郡）
（丹波国）
（多紀郡）
船井郡
桑田郡
愛宕郡
葛野郡
山城国
乙訓郡
紀伊郡
宇治郡
久世郡
綴喜郡
相楽郡

第1章

京都の地主神をめぐる

ヤマシロの地に根差す神々

京都盆地を中心とした京都府南東部一帯は、かつては山城国と呼ばれたエリアである。

この旧国名は、平安遷都以前には「山背」あるいは「山代」と書かれていた。ヤマシロの名義についてはいくつか説があるが、かつては王都の所在地であった大和国（奈良県）からみて、山（奈良山）のうしろ（背）にあったことに由来するという説に説得力がある。丘陵状の奈良山は、大和とヤマシロの境界であった。

ヤマシロ国は、7世紀後半に整備された古代の法典「律令」にもとづく制度のもとでは、乙訓・葛野・愛宕・紀伊・宇治・久世・綴喜・相楽の8郡に分割され、さらに各郡はいくつもの郷を有した。時代によって変遷もあるので、8郡の領域を現代の行政区域に正確にあてはめるのは難しい。大まかに言うならば、京都盆地西北部が葛野、東北部が愛宕、南部が紀伊で、紀伊の西が乙訓、東が宇治、宇治の南が久世と綴喜、さらにその南が相楽である。このうち、現在の京都市中心部と重なるのは、北ヤマシロの葛野・愛宕・紀伊である。

ただし、当初のヤマシロの中心は南ヤマシロで、国府は相楽郡にあった。

ところが、延暦3年（784）、乙訓郡に長岡京が造営されて平城京から都が遷され、さらに延暦13年には葛野郡と愛宕郡にまたがる地に造営された平安京に遷されたため、北ヤマシロが大きく発展してゆくことになったのだ。遷都の理由については議論があるが、時の桓武天皇が政争に敗れた亡霊の祟りをひどく恐れたことが大きく関係していると言われている。

平安遷都を機に、桓武天皇の命により、ヤマシロには「山城」の字があてられることになった。「山背」ではネガティブな印象を与えてしまうし、四方を山や川によって囲まれた地勢がまるで天然の城のようであったからだ。

ところで、平安遷都以前の京都というと、人家もまばらな原野だったかのように思われがちである。しかし、京都盆地には縄文時代から人が住んでいて、飛鳥・奈良時代にはあちこちに集落がつくられ、田畑の開墾が行われていた。そして神社が点在し、住人たちの崇敬を受けていたのである。この章では、平安遷都以前からこの地に深く根を張ってきた、京都の地主神とも言える古社を紹介してみよう（なお、わかりやすくするため、本書ではヤマシロの漢字表記を原則として「山城」に統一した）。

知られざる「京都」の原点

宇治上神社と宇治神社

——京都南郊の景勝地が秘める激動古代史

湖に臨み、急流が貫く交通の要地

京都市街の南郊にあたる宇治は、琵琶湖を水源とする水量が豊富で流れの速い宇治川が、京都盆地に流出する谷口に広がる土地である。元来は大和と近江を結ぶ交通の要地として開けてきた。

古代の宇治の地理を考える際、必ず頭に入れておかなければいけないことがある。それは、当時、現在の宇治川の西岸側に「巨椋池」の豊かな水面が広がっていたということだ。「池」とは言うものの、現実には「湖」と呼ぶにふさわしい広さをもち、宇治川だけでなく、木津川、桂川からも水がなみなみと流れ込んでいた。干拓が進

宇治川　日本三古橋の１つ・宇治橋から望む

められた結果、この湖が完全に姿を消すのは、昭和16年（1941）のことだ。

山水の景勝地であることから、平安時代になると、宇治には貴族たちの別業（べつぎょう）（別邸）が次々に営まれた。平安貴族たちの別荘地としてにぎわったのである。そのためか、宇治と言えば、平安貴族たちとのつながりばかりに目が行きがちである。しかし宇治の地そのものの歴史は非常に古い。平安遷都のはるか以前から人びとが住み暮らし、京都の前史を育んでいた。

宇治のそんな長い歴史を見守ってきたのが、宇治川東岸に鎮座する宇治上（うじがみ）神社と宇治神社である。

宇治の豪族の娘を母親とする宇遅能和紀郎子

宇治神社・宇治上神社の草創は、『古事記（こじき）』『日本書紀（にほんしょき）』の中に書かれている。しかも、その記述は宇治黎明期の記録ともなっている。

『古事記』によると、大和国に宮居した第15代応神天皇は、大和から近江への行幸の途次、宇治の木幡（宇治市北部）に住む豪族丸邇氏の娘宮主矢河枝比売に出会うと一目ぼれし、妃とした。そうして2人のあいだに生まれた皇子が、宇遅能和紀郎子（『日本書紀』での表記は菟道稚郎子）であった。応神天皇は伝説的な天皇だが、実在したとすれば、その時代は4世紀末頃だろうとするのが通説である。

この天皇は多くの妻をもった子沢山だが、このうち皇嗣の有力候補となったのは、高木之入日売命とのあいだにもうけた大山守命（大山守皇子）、高木之入日売命の妹中日売命とのあいだにもうけた大雀命（大鷦鷯尊）、そして宇遅能和紀郎子の、3皇子だ。筋から言えば、年長の大山守命が皇位を継ぐべきなのだろうが、応神天皇のお気に入りは最も年の若い宇遅能和紀郎子だった。

あるとき、天皇が大山守命と大雀命にこう尋ねた。

「おまえたちは、年上の子と年下の子のどちらが可愛いか」

大山守命は「年上の子が可愛い」と答えるが、和紀郎子を愛でる天皇の意を察した大雀命はこう答えた。

「年上の子は、もう大人なので心配することはありませんが、年下の子はまだ一人前ではないので、愛しく思います」

これを聞いた天皇は、「大雀命の言葉こそが自分の心だ」と述べ、大山守命には山と海を司ることを、大雀命には天皇の補佐を命じた。そして皇嗣には、最年少の和紀郎子を選んだのである。

応神天皇関係図

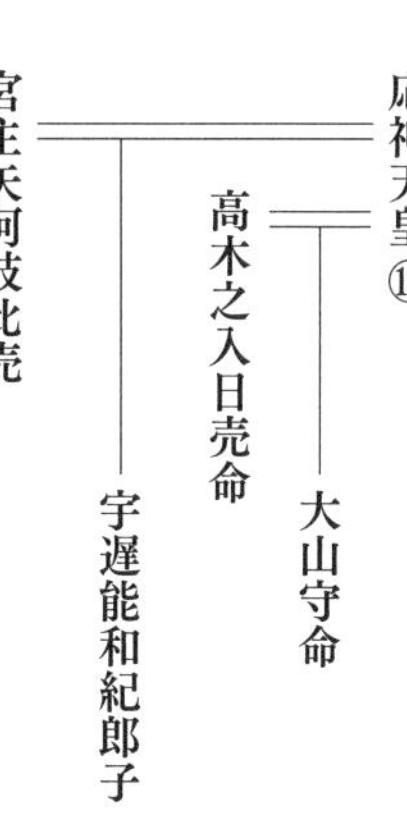

皇位争いを征するも早世した悲運の皇子

ところが、応神天皇が亡くなると、皇位を欲する大山守命は反乱を企て、弟宇遅能和紀郎子を討ち取るべくひそかに挙兵の準備を進めた。しかし大雀命がいち早くこの動きを察知。和紀郎子のもとに使者を送って、危険を知らせた。

そこで和紀郎子も兵を集め、大山守命を迎撃するのだが、その戦いの場となったのが宇治である。おそらく和紀郎子は母の実家がある宇治（宇治川東岸）に居宅をかまえていて、大山守命はそこを襲おうと宇治に向かったのだろう。古代の貴人は母方の実家で養育されるケースが多かったので、和紀郎子は幼少期も宇治に住んでいたのかもしれない。『日本書紀』には、和紀郎子は宇治に「菟道宮（うじのみや）」と呼ばれる「宮室（おおみや）」をつくって住んでいたと記されている（仁徳（にんとく）天皇即位前紀）。

このとき、和紀郎子は奇策を弄して大山守命に勝利するのだが、その様を『古事記』は事細かに叙述している。

和紀郎子はまず宇治川のほとりにそびえる山の上に仮屋を建てさせ、その中に自分がいるように見せかけつつ、当人は渡し船の船頭に変装する。そこへ、そうとは知らずに大山守命が船に乗り込んできた。そして川向こうの山の上の仮屋には和紀郎子がいると思い込んで、船頭（じつは和紀郎子）にこう尋ねた。

「この山には凶暴な大猪がいるらしい。仕留めることができるだろうか」

船頭は「できません」と答えたのち、船を傾け、大山守命を水中に落とし入れた。続けて、川のほとりに隠れていた和紀郎子の兵士たちが姿を現し、矢を射て大山守命を水底に沈めてしまう。大山守命は謀略にかかって無様な最期を迎えたのである。

これで亡き父帝の意向通り、和紀郎子が滞りなく皇位を継ぐのかと思いきや、そうはならなかった。和紀郎子は即位を辞退し、陰で助太刀してくれた兄の大雀命に皇位を譲る、だが大雀命もまた辞退して弟に皇位を譲る……というふうに、お互いに皇位を譲り合うことが延々と続いたからだ。

だが、そうこうしているうちに、和紀郎子が不意に死去する。それで結局、大雀命が即位することになった。これが後年、聖帝と讃えられることになる仁徳天皇だ。

『古事記』は和紀郎子の死因をはっきり書いておらず、「早世した」と記すのみだが、『日本書紀』では自殺したことになっている。しかも、大雀命がかけつけると甦り、兄を聖王として称える言葉を伝えてから永眠に入り、大雀命は慟哭（どうこく）する、という劇的な展開になっている。譲り合いの末に、皇位の空白が続くことを憂えた和紀郎子は自ら命を絶って兄の即位を慫慂（しょうよう）したという、道徳性を強調する物語になっているのだ。

宇遅能和紀郎子はじつは天皇だったのか

このように、記紀では宇遅能和紀郎子は賢将として、そしてまた明徳の皇子として描かれている。しかし、一連の話を読んでいると気にかかってくることがある。

記紀は、和紀郎子は決して天皇に即位することなく亡くなり、正式に応神天皇のあとを継いだのは大雀命（仁徳天皇）だとする。しかし応神は「皇位は宇遅能和紀郎子が継ぐ」とあらかじめ言明していたわけだから、応神没後、兄大山守命の襲撃を受ける以前に、直ちに和紀郎子が天皇に即位していたとしても不思議ではない。また、和紀郎子が兄大山守命との争いを征した後、和紀郎子と次兄大雀命とのあいだに皇位の譲り合いが続いたことになっているが（『日本書紀』はその状態が3年続いたとする）、本当にそんなに長いあいだ皇位の空白が続いたのだろうか。じつはその間、宇治にいた和紀郎子が皇位にあったのではないだろうか。

つまり、「仁徳天皇の前に、短期間ながら宇遅能和紀郎子は宇治に宮居して、天皇の地位にあったのではないだろうか」という疑問である。

これは一面もっとも疑問である。というのも、和紀郎子が天皇であったことの徴証は、信頼できる史料の中に見出すことができるからだ。

『播磨国風土記』の揖保郡条には、「宇治天皇の世」に宇治連らの遠祖がこの地で田を開墾した際のエピソードが記されているのだが、「宇治天皇」は、宇遅能和紀郎子のことを指しているとみるのが通説である。つまり、播磨国（兵庫県南西部）には、和紀郎子を天皇とする伝承が存していた。

また先にも触れたように、『日本書紀』は和紀郎子が宇治に菟道宮と呼ばれる「宮室」をつくったと記すが、宮室とは本来、天皇が住む宮殿をさす。また、『山城国風土記』逸文には「宇治若郎子、桐原の日桁の宮を造り、宮室と為す」とある。おそらく桐原日桁宮は菟道宮の正称なのだろう。ちなみに同逸文は、「宇治」という地名は宇治若郎子の御名にちなむとも記している。

そして『古事記』は、和紀郎子の死を「崩」という言葉で表現している。崩は崩御と同意で、天皇の死に対して用いられる表現である。

もちろん、和紀郎子の時代にはまだ天皇の制度は確立されていなかったはずなので、即位云々をやかましく言うことにはあまり意味がない。しかし、今ここに挙げた記述を総合するならば、おぼろげながらも、宇治に菟道宮＝桐原日桁宮という宮を営んだ、古代天皇＝大王としての宇遅能和紀郎子の姿が浮かび上がってくる。

にもかかわらず、記紀が和紀郎子の即位について曖昧な記述に終始しているのは、何か深い訳があるのではないだろうか。じつはこんな後ろ暗い史実でも隠されているのではないだろうか。

「和紀郎子と大雀命のあいだにも陰惨な権力闘争があって、いったん皇位についていた和紀郎子はこれに敗れ去って命を落としてしまった」というような――。

宇治上神社・宇治神社は皇居の旧跡か

だいぶ回り道をしたが、「宇治天皇（宇遅能和紀郎子）」の「皇居」とも目される桐原日桁宮（菟道宮）の旧跡と伝えられているのが、宇治川ほとりの宇治上神社なのである。

宇治上神社　ユネスコの世界文化遺産に登録されている

宇治上神社は応神天皇・仁徳天皇と菟道稚郎子（宇遅能和紀郎子）を祭神とする。

本殿が現存最古の神社建築であることで有名で（国宝）、

平安時代後期のものとされる一間社流造の内殿3棟が左右一列に並んでいる。3棟はひとつの大きな覆屋によって守られているが、この覆屋は鎌倉時代の建造だという。拝殿も鎌倉時代初期建造という古建築で、やはり国宝である。

宇治神社　宇治川上流の東岸、朱色の朝霧橋のたもとにある

宇治上神社から南西に100メートルほどのところに、宇治神社がある。こちらも菟道稚郎子を祭神とし、菟道稚郎子の等身大の坐像と伝えられる貴重な平安時代の神像を祀っている。宇治上神社に隣接するような場所なので、ここもまた桐原日桁宮の旧跡とみて大過ないだろう。

明治維新以前には、宇治上神社と宇治神社は二社一体のかたちをとり、あわせて「宇治離宮明神」とか「宇治離宮八幡宮」と呼ばれていたそうだ。宇治上神社は離宮上社、宇治神社は離宮下社または若宮とも呼ばれていたらしい。平安時代の官社リスト『延喜式』「神名帳」に「宇治神社二座」とあるのは、宇治上神社と宇治神社のことかと言われている。

「離宮」とは、宇遅能和紀郎子の桐原日桁宮のことをさしたものだろうし、「八幡宮」とも呼ばれたのは、宇治上神社の祭神の応神天皇（和紀郎子の父）が八幡神と同一視されたことによるのだろう。

古代の宇治は「都」だった

宇治上神社と宇治神社の歴史には不明瞭な点も多いが、宇治の地を本貫とした応神朝の皇子、宇遅能和紀郎子の伝説にルーツをもっていることは、まず間違いない。

そしてもし和紀郎子が天皇に即位していたとしたなら、桐原日桁宮は皇居であり、両社はその皇居跡ということになる。その時代は応神朝の直後なので、5世紀のはじめ頃だろう。すると、いささかこじつけめくが、宇治は京都府に属するので、「京都」の地には平安京の成立よりもはるか以前に皇居のある「都」が存在していた、ということにもなる。

宇治墓　丸山古墳とも呼ばれる前方後円墳

　つまりは、宇治は「都」としての京都の原点というわけである。

　ただし、もし和紀郎子が権力闘争に敗れたことで皇位と命を失ったのであれば、宇治上神社や宇治神社は、悲運の宇治天皇の霊を鎮魂するために創祀された社であったと考えることもできる。

『日本書紀』によれば、和紀郎子の遺骸は「菟道（宇治）の山の上」に葬られたという。京阪電鉄宇治駅の北側にある墳丘長約80メートルの墳丘をその葬地とする伝承があり、宮内庁によって和紀郎子の墓「宇治墓」に治定（じじょう）されている。

古代神社の原像

祝園神社と和伎坐天乃夫岐売神社

――神まつりの真髄を今に伝える

相楽郡精華町
祝園杵ノ森／
木津川市山城町
平尾里屋敷

木津川べりに鎮座する相楽郡の古社

伊賀地方に端を発し、南山城一帯を東から北西方向へと貫流する木津川は、古称を山背河という。このことからも察せられるように、この川は山城国の大動脈となった河川であり、流域には平安京以前に起源をもつ古社が点在している。

祝園神社もそのひとつで、木津川西岸の堤防そばの、「杵ノ森」と呼ばれる社叢の中に鎮座している。現在の境内や社殿にはさほど見るべきものはないが、『延喜式』「神名帳」の山城国相楽郡の項に大社として記載されている古社である。

創祀の時期ははっきりしないが、奈良時代にはすでに存在していたことは間違いない。古代の法令集である『新抄格勅符抄』の大同元年（806）の牒（公文書）に「祝園神　四戸」と記されているからである。これは、「朝廷は祝園神社に神戸（神社に税や課役を納める家）として4戸を与える」という意味である。

祝園神社　木津川の流れが聞こえてきそうな場所に鎮座

祭神は現在は建御雷命・経津主命・天児屋命で、奈良の春日大社と同じだが、これは、この神社が中世には春日大社と一体だった興福寺の支配下にあって春日社と称したためらしく、本来的な祭神ではない。では、本来の祭神は何だったのか。

曾富理神とする伝承がある（出口延経『神名帳考証』）。曾富理神は『古事記』に、スサノオを父とする大年神と伊怒比売の子としてみえる神だが、名前が現れるだけで、とくだんエピソードはない。しかしおそらくこの説は、社名の祝園＝ホウソノが、のちほど記すように古くはハフリソノと呼ばれたとされることから、これと響きの似た神名を祭神に付会したものであって、これもまた本来的なものではないだろう。

崇神朝に生じた木津川を舞台とした凄惨な戦い

結局、この神社の本来的な祭神は不明と言わざるを得ないのだが、その歴史の謎を解く鍵は、社名であり、地名でもあるホウソノという語にある。

じつは、地名としてのホウソノの由来は『日本書紀』の崇神天皇の章にはっきりと書かれている。崇神天皇は第10代天皇に数えられる伝説的な天皇で、奈良の三輪山の西麓を都としたと伝えられている。

『日本書紀』崇神天皇10年9月条によると、第8代孝元天皇の皇子武埴安彦が反乱を起こし、山城方面から攻め入ってきた。おそらく武埴安彦は山城に拠点をもっていたのだろう。そこで崇神天皇は大彦と彦国葺に命じて山城に精兵を向かわせ、やがて、輪韓河を挟んで天皇軍と反乱軍が対峙した。輪韓河は木津川の古名とされている。

戦闘がはじまるが、彦国葺の射た矢が武埴安彦に命中。これに勢いを得て天皇側の軍勢は川を渡って西岸に陣取る敵軍を追撃し、次々に首を切り落としていった。そして『日本書紀』はこう記す。

「首を斬ること半に過ぐ。屍骨多に溢りたり。故、其処を号けて羽振苑と曰ふ」

木津川の岸に敵兵の死体が「ハフリ＝溢れる」ほど転がったので、その地は「ハフリソノ」と呼ばれるようになったのだという。

木津川　古代より航路として利用されていた

『古事記』でもおおむねこれと同じようなことが書かれているのだが、ハフリソノの語源を「(敵を)斬りはふり」に求めている。この場合のハフリは「放り」「屠り」の意で、死体をばらばらにすること、放ち捨てることである。

　そしてこのハフリソノが転じてホウソノ（祝園）になったと言われていて、祝園神社の社叢「杵ノ森」の杵（ハハソ）もハフリソノに由来するとされているのだ。

　つまり、「祝園」という地名・社名は、遠く崇神天皇の時代、斬ってばらばらにされた反乱兵の死体があふれんばかりに転がっていたことにちなむというのである。

不吉な由来譚だが、もちろんこの話はあくまで地名由来説話であって、史実そのままであるとはかぎらない。元々ハフリソノという地名が木津川の岸にあり、ハフリという語が凄惨なシーンを想像させることから、地名からイメージを膨らませるかたちで武埴安彦反乱云々の説話が生じたと考えることもできるからである。

とはいえ、記紀にみえるホフリソノ説話は、木津川西岸の祝園が非常に古い歴史をもつ土地柄であること、そこに鎮座する祝園神社もそれに準じる歴史を有していることを物語っている。そしてもしこの説話が史実に則っているのなら、祝園神社が創祀されたのは敗死した兵士たちを鎮魂するためだったと考えることもできよう。

武埴安彦を鎮魂する居籠祭

祝園神社は、このような古い歴史のほかに、「居籠祭」という奇祭を今に伝えていることでも知られている。

これは正月に3日間にわたって行われるもので、社頭の森の中にある井戸から神を迎える風呂井の儀（1日目）、神前で点じられた大松明を祭田へ運んで五穀の種子を蒔く御田の儀（2日目）、氏子たちが綱を曳き合って豊作を占う綱曳の儀（3日目）からなる。

神に豊穣を願う点では全国どこにでもみられるごく普通の祭りだが、2日目までは神職と選ばれた氏子によってのみ執り行われる秘儀となっているのが特色で、とくに2日目、日暮れに御田の儀がはじまると、集落全体が消灯し、一般の氏子たちは一切音をたてず、祭りが終わるまで家の中で謹慎していなければならない。神を厳粛に迎え祀るために住民一同が穢れを忌み、外部との接触を絶って籠るのだ。これがまさしく祭名にみえる「いみごもり＝いごもり」であり、この祭りが天下の奇祭と言われてきた所以でもある（現在も祭りは続いているが、忌み籠りの風習は薄れている）。

祝園神社の居籠祭の由来をめぐってはいくつか伝承があるが、そのひとつに、敗死した武埴安彦の霊が当地の人びとを悩ますので、その妖鬼を神力によって退治するために称徳天皇の時代（8世紀後半）にはじめられたというものがある。

原始神道の姿を彷彿させる物忌みの神事

居籠祭はじつは、祝園神社だけでなく、木津川対岸に鎮座する和伎坐天乃夫岐売

和伎坐天乃夫岐売神社　木津川東岸にあるこの辺りは水の便がよいことで知られる

神社でも行われてきた。

　この神社は、一夜にして涌出した森の中にあるという伝承から涌出宮という通称がある。だがこの伝承は、当地の古地名が「和伎＝ワキ」であることに関連して生じた説話だろう。その森には皇位継承争いに敗れた第20代安康天皇の皇子の胴が埋められている、という伝承もある。

　祭神は社名にある天乃夫岐売命である（他に田凝姫命・市杵島姫命・瑞津姫命も祀る）。記紀神話他の古典類にはその名を見出すことができない、謎の神だが、社伝では天照大御神の荒魂としている。

　創祀期ははっきりしないが、奈良時代の天平神護2年（766）に伊勢から天乃夫岐売命が遷し祀られたのがはじまりとする伝承がある。『延喜式』「神名帳」に載る式内社であり（大社）、『日本三代実録』貞観元年（859）正月27日条に、当社（和伎神・天夫支売神）に神階（正五位下・従五位上）を授けたとする記事が文献上の初出である。

こちらの居籠祭は毎年2月に行われるが、やはり武埴安彦の霊を鎮めるためにはじまったとする伝承がある。

祝園神社や和伎坐天乃夫岐売神社で行われてきた居籠祭がその祭事様式を整えたのは、中世頃とみられる。また、祭事の由来についてはここに記した他にもいろいろと伝承がある。したがって、居籠祭は、記紀の武埴安彦反乱伝説とは本当は直結しないのかもしれない。

しかし、この祭事の中核をなす、神迎えのために氏子一同が厳重な物忌みに服するという行為は、心身を清浄に保って神の来臨を待つという日本の「祭り」の本質に通じ、原始神道のあり様をしのばせる。

祝園神社、和伎坐天乃夫岐売神社は昔も今も決して目立つ神社ではないが、日本固有の信仰や民俗を考えるうえでは、貴重な手掛かりを与えてくれる古社である。そしてこのことは、木津川沿いの南山城の風土が、ヤマト王権の歴史とも深く結びついたものであることも教えてくれる。

古都の水を司る名社

貴船神社

——まつろわぬ民の声が響く京都の最古層

京都市左京区
鞍馬貴船町

雨水の神を祀る渓谷の古社

洛北にそびえる貴船山と鞍馬山のはざまを流れる貴船川。賀茂川の源流にもあたるこの川に沿って続く幽邃な渓谷に鎮座し、古来京都の水を司る神として信仰されてきたのが、貴船神社である。

川沿いに上ってゆくと、まず本宮（本社）があり、老木古木に覆われた川沿いの参道をさらに800メートルほどさかのぼると奥宮に着く。祭神は本宮が高龗神、奥宮も高龗神、ただし一説に闇龗神であるという。かつては現在の本宮が遙拝所で、奥宮が本宮であった。現在地に本宮が遷されたのは天喜3年（1055）のことで、現奥宮の地にあった社殿が洪水で流されたためだったという。

高龗神は『日本書紀』に登場する神で、イザナキが剣で火の神カグツチを3つに斬ったときに生成した3神のうちの1柱である（神代上・第5段一書第7）。この場面にしか登場しない神だが、オカミとは山中や水中にすんで水や雨を司ると信じられた神のことで、漢字の「龗」は風雪を降らせる神としての龍の義をもつ。つまりは、水の

貴船神社（本宮） 創建年代は不詳だが、反正天皇の時代とする伝承もある

貴船神社（奥宮） 本殿の真下には龍穴と呼ばれる大きな穴が空いているという伝説がある

神・雨の神である。奥宮の祭神ともされる闇龗神も『日本書紀』にイザナキがカグツチを斬ったときに生成した神として登場しているが（神代上・第5段一書第6）、こちらも、オカミとあることからわかるように雨水の神である。高龗神と闇龗神は異名同神のようなものなのだろう。そもそも、奥宮はかつての本宮で、現本宮はその拝所だったわけなのだから、祭神は同一とみるべきだろう。

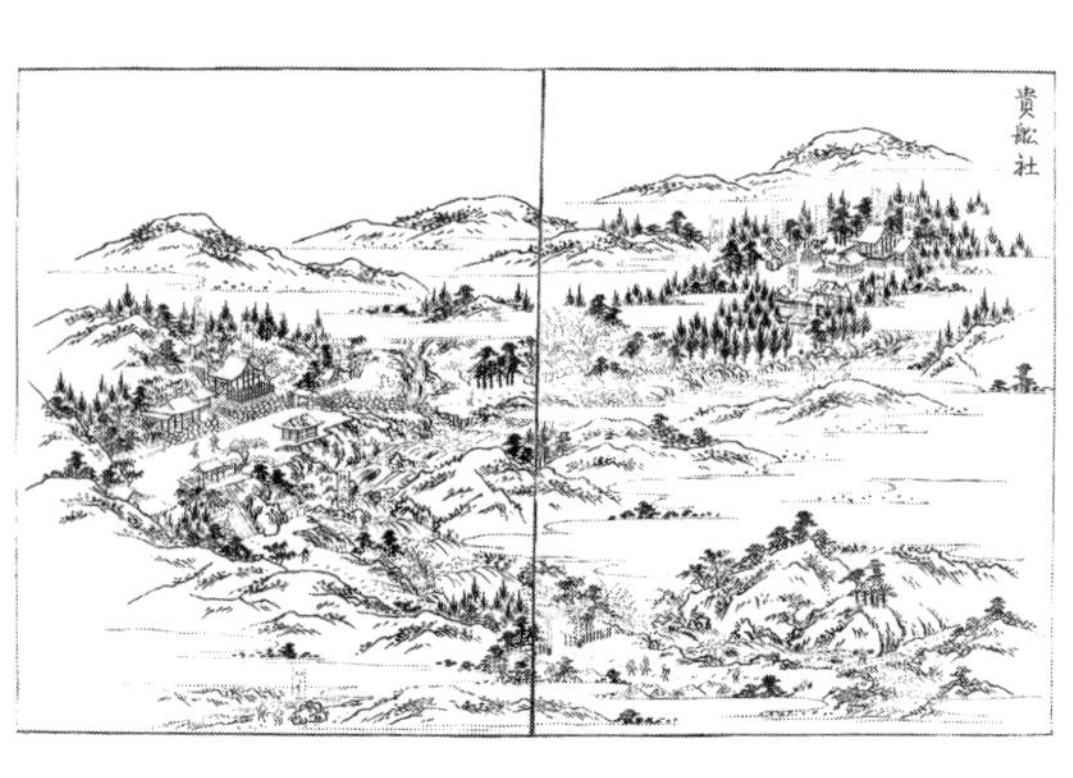

貴船神社の様子（江戸後期）『都名所図会』より（国立国会図書館）

祭神を罔象女神（みつはのめのかみ）とする史料もあるが（『諸社根元記』『二十二社註式』）、この神もまた『日本書紀』神話に登場する水の神である。

結局のところ、貴船神社の祭神は「貴船神」と呼ぶほかなさそうである。

創祀年代は不詳だが、社伝によると、玉依姫（たまよりひめ）が黄船に乗って淀川から賀茂川（鴨川）へと遡上したのち、この地に上陸し、一字の祠（ほこら）を建てたことにはじまるという。ちなみに、賀茂川の支流が鞍馬川、鞍馬川の支流が貴船川だ。

この社伝では、「貴船」という地名・社名のいわれを玉依姫（神武天皇の母神、賀茂神社に祀られる賀茂建角身命（かもたけつぬみのみこと）の母神と同名だが、これらと同一かどうかははっきりしない）が乗った船が黄色だったことに求めていて、この縁起を証するように奥宮には玉依姫が配祀され、黄船を小岩で覆ったものと伝えられる「船形石」と呼ばれる石積みがある。しかし、キブネは木生根（きぶね）（木生嶺）の意で、樹木の生い茂った山林の義だとする説もある。賀茂川とのつながりが強調される鎮座縁起は、中世に貴船神社が賀茂社の摂社となり、その影響下に置かれたことに関係して形成されたものではないだろうか。貴船の語源については、木生根説の方に説得力があろう。

史料上の初出は『日本紀略』弘仁（こうにん）9年（818）5月8日条で、「山城国愛宕郡貴布禰（きふね）神を大社と為す」とある。平安京の祈雨止雨の祈願社として朝廷から崇敬されたようである。

平安京北方を守護する鞍馬寺の縁起にも登場

このように貴船神社の草創はあまりはっきりしていないが、貴船神が古くから信仰されてきた、この一帯の地主神であることの証拠としてしばしば挙げられるのが、『今昔物語集』（平安時代後期成立）巻第11に収められている、鞍馬寺創建縁起だ（「藤原伊勢人始メテ鞍馬寺ヲ建テタル語　第三十五」）。ちなみに、鞍馬寺は貴船神社の東にある寺で、四天王の毘沙門天を本尊とし、京北方を鎮護する寺として栄えてきた。

桓武天皇の御代（781〜806年。原文には「聖武天皇」とあるが、明らかに誤記）、かねて氏寺を建立したいと願っていた藤原伊勢人は、ある夜こんな夢を見た。

王城の北深くの山中を流れる河をさかのぼっていると、やがて老翁が現れ、こう告げる。

「ここは霊験が著しい地である。我はこの山の鎮守、貴船明神であり、この地で多くの年を過ごしている」

この霊夢に誘われるようにして伊勢人が馬に鞍を置いて歩かせ、その跡をたどっていったところ、夢に見た場所に出た。あたりを見回すと、そこには毘沙門天像がある。そこで一堂を建てて毘沙門天を安置した。これが鞍馬寺のはじまりだという。

これと似た話は平安末期成立の歴史書『扶桑略記』の桓武天皇の章にも記されていて、平安遷都からまもない延暦15年（796）のこととされている。

つまり、平安京北方の守護神は、貴船神の導きによって鎮座の地を得たというのである。この説話は、貴船神が、貴船川のみならず鞍馬川をも含めた賀茂川上流域一帯を平安遷都以前から守護してきた古層の神として、京の人びとに認識されていたことを物語っている。

貴船神社を担った「舌氏」にまつわる秘史

貴船神社の神職は、長らく「舌（ぜつ）」という珍しい名字をもつ一族によって継承されていた。この名字の由来は『貴船社秘書』という奇書に記されている。

貴船神社に伝わる『貴船社秘書』は、これを披見した泉谷康夫氏によれば、江戸時代半ば頃に編まれたと考えられる小冊子で、貴船神社の縁起、舌氏の由来伝承、舌氏の系図などを記す諸文書から成っている（『記紀神話伝承の研究』）。そのなかで舌氏の由来を細かく述べるのは「貴布祢雙紙（そうし）」で、内容を要約すると次のようになる。

「貴船神が天から降臨したとき、仏国童子（ぶっこくどうじ）という者もともに天降（あまくだ）った。童子は神から『天上のことは一切しゃべってはいけない』と命じられていたが、これに反して話してしまった。そこで神は怒って童子の舌を8つに切り裂いた。

すると童子は奈良の吉野山に逃げ、鬼どもを従えてそこに暮らした。

やがて童子は貴船山に帰り、山中の鏡岩の洞屋（うろや）に隠れていたが、これを知った貴船神は3年目に童子を召し返し、仕えさせた。やがて仏国童子は一子をもうけ、その子は僧国童子と名づけられた。

あるとき、仏国童子が貴船神がもつ鉄の弓を盗んで引き折ったので、怒った神は彼を鉄の鎖で縛ったが、童子はこれを引きちぎった。次に神は仏国童子の背に大石を置いたが、童子はこれも苦にしない。そして仏国童子は130歳のとき、突然、雷とともに天上に去ってしまった。

その後、仏国童子の子、僧国童子は丹生神（にうのかみ）（水神を祀る奈良の丹生川上神社（にうかわかみ））に仕えたのち吉野山に入り、鬼を残らず従えて戻り、貴船神に仕え、102歳で死んだ。

仏国童子から4代目の安国童子までは鬼の姿をしていたが、5代目からは人間の姿になり、子々孫々、貴船神に仕えた。先祖の苦難を忘れないために『舌』と名乗り、家紋には菱の中に八の字を描いたものを用いた」

「鬼」に仮託された京都の地霊

少々長くなったが、この説話のポイントは、「貴船神社の社人舌氏の始祖である仏国童子は、貴船神に随従して天上から降臨した異形の鬼である」というところだろう。

ちなみに、仏国童子、僧国童子と仏教臭のする名前が登場するが、これは中世に隆盛した神仏習合の影響を示している。童子たちが吉野の鬼を従えるくだりには、やはり中世に吉野の金峰山を中心に栄えた修験道とのつながりが示唆されているのかもしれない。金峰山で修行した修験道の開祖役小角は鬼を従えたと伝えられている。

では、貴船神社に奉仕した舌氏が「鬼」の末裔であるという伝承からは、どんなことが読み取れるだろうか。

鬼というと、つい、角を生やし牙をとがらせた怪力の化け物の姿を思い浮かべてしまう。しかし、鬼に対するこのようなイメージが日本人のあいだで定着したのは室町時代以降のことだ。古くは、鬼といえば、禍いをもたらす正体不明の怪物や邪神のことであり、時にそれは、権力に服従しない異民族や異邦人の姿の寓意でもあった。

このような鬼の原像を頭に入れるならば、舌氏の先祖が鬼であったという伝承は、京北方の地主神である貴船神を祀る人びとが平安遷都以前からこの地に住み着いていた「まつろわぬ民」であり、平安京の住民からは異人視されるような存在だったこと

深泥池　池の中央には浮島がある

を暗に物語っているのではないだろうか。

実際、平安時代の京の人びとは、貴船の奥深い山中には鬼のような得体の知れない民が住んでいると思っていたのかもしれない。そして、貴船の東隣りが、天狗の棲みかと信じられた鞍馬であった。

そんな俗信に神仏習合や修験道の色付けがなされて醸成されていったのが、「貴布祢雙紙」の舌氏伝承なのではないだろうか。

貴船神社から南へ8キロほど下った場所に深泥池（みどろがいけ）という周囲1キロほどの池がある。西側には貴船神社・鞍馬寺への参詣道である鞍馬街道が通っているが、貴船の奥の谷と深泥池のほとりは地下道でつながっていて、かつて貴船の鬼がこの道を通って池のほとりの穴からはい出し、都に姿を現すことがあったという（井上頼寿（よりよし）『改訂

深泥池貴船神社　寛文年間に深泥池の農民らが勧請したとされる

京都民俗志』)。その穴は豆がたくさん投げ込まれることでふさがれ、以後、節分にはそこに炒り豆が捨てられるようになったので、豆塚(魔滅塚)と呼ばれるようになったという。

豆塚の場所は今ではよくわからないが、深泥池の北に、江戸時代に貴船神社の分社として建てられた深泥池貴船(きふね)神社がある。このあたりが豆塚の跡なのだろうか。

深泥池には、貴船から豆塚へと続く忘れられた地下道を通して、京都古層のエキスが今も滲出しているのだろう。

磐座信仰のリアル

石座(いわくら)神社と山住(やまずみ)神社

――里山の小社に息づく京都の地霊

京都市左京区
岩倉上蔵町(あぐらちょう)／
岩倉西河原町

神道の原像としての磐座祭祀

神霊の降臨地と信じられ、信仰の対象となってきた巨岩のことを、「磐座(いわくら)」と呼ぶ。つまり、神の御座所としての磐(岩)である。

社殿成立以前の神社ではこうした磐座を中心に神まつりが行われていたと考えられているが、現在の神社にも巨岩を御神体として祀っているところがある。総じて、磐座信仰を伝える神社には、古い歴史を有するところが多い。大神(おおみわ)神社や宗像(むなかた)大社のような日本有数の古社では、その成立の初期――古墳時代にさかのぼる――には磐座祭祀が盛んに行われていたとみられている。

石座神社　石段を上がると八所明神本殿と十二所明神本殿が並び立つ

京都にも、原始神道の名残りとも言える磐座信仰を今に伝える神社が存在する。比叡山の西麓方面に京都盆地からしみ出たような小盆地があるが、この盆地を中心とした一帯の地名を「岩倉」と言う。現在は宅地化が進んでいるが、北部にはまだ里山のような風情が残されている。

岩倉は古くは「北岩倉」とも称されたが、地名の由来についてはこんな伝承がある。

「平安京が造営されたとき、王城鎮護のため都の四方に一切経が埋められ、岩蔵が設けられた。そこでそれぞれの地が岩蔵（岩倉）と命名され、東西南北の字が冠されて区別された。北岩倉はそのひとつである」

しかし、これは俗伝で、「岩倉」という地名は古代の磐座信仰に由来するとみるのが通説である。なぜなら、この地には磐座を御神体としていた、その名もまさしくイワクラという神社、すなわち石座（いわくら）神社が古くから鎮座しているからだ。

大雲寺　岩倉観音などとも称される

名刹に囲まれた現在の社地

石座神社は旧岩倉村の産土神（うぶすながみ）で、岩倉盆地の西側を貫流する岩倉川の西岸、標高約240メートルの紫雲峰（尼吹山（あまぶきやま））の山裾に位置している。紅葉の名所として知られる天台宗の門跡（もんぜき）寺院、実相院（じっそういん）のすぐそばである。

ただし、ずっと昔からこの場所に鎮座していたわけではない。

現在の境内地は、元々は隣接する大雲寺（だいうんじ）の鎮守社（ちんじゅしゃ）である八所（はっしょ）明神社と十二所明神社の社地だったところで、そこへ石座神社が、明治時代に入って、後述する旧社地から遷座してきたのである。

大雲寺は元来は石座神社の現社地の西側にあった寺院で、天禄2年（971）に藤原文範が真覚を開山として創建した、かつては天台宗寺門派に属した古刹である。行基作と伝える十一面観音を本尊とし、岩倉観音とも呼ばれた。

円融天皇の御願寺となったこともあって興隆し、広大な境内にいくつもの堂舎が建ち並んで壮麗を極めたが、11世紀頃からは対立する山門（延暦寺）の衆徒による焼き打ちを被るなどして衰退していった。江戸時代に再興されたものの、昭和60年（1985）、金銭トラブルの関係で伽藍が失われ、寺宝も流出するという憂き目に遭ってしまった。その後、石座神社の東側に寺地を移して復興をはたしているが、本堂はいまだ仮の建物である。

『源氏物語』に登場する、光源氏が紫の上と出会った「北山のなにがし寺」のモデルは、この大雲寺であるとする説がある（歴史学者の角田文衞氏）。物語中では、寺の背後にある山に登ると平安京をよく見渡せることになっているが、その山とは紫雲峰のことだろうという。

岩倉川のほとりに鎮まる巨岩が御神体

では石座神社の旧社地、つまり本来の鎮座地はどこだろうか。

現社地から南へ1キロほど行ったところの、岩倉川のほとりに小さな神社がある。歩いて10分ほどの距離である。この小社が石座神社の旧社地で、明治に石座神社が大雲寺のそばに遷座してからは、山住（やまずみ）神社と改称されて現在に至っている。

山住神社　本殿を持たず、巨石が御神体である

ここが石座神社の故地であることの証左とも言えるのが、この小社（山住神社）が神殿をもたず、磐座を御神体としているという事実である。境内西側には神奈備山（かむなびやま）がそびえているのだが、この山の麓付近の斜面に鎮まる巨石が磐座として崇められており、山下に西面して建つ

ささやかな拝殿から拝することができる。貞享元年（1684）成立の山城国地誌『雍州府志』は、石座神社について「天つ神が籠った窟戸」とする伝承があることを記している。磐座の巨石が、天照大神が籠った天岩屋に擬えられたことがあったのかもしれない。

石座神社の文献上の初見は、『日本三代実録』の元慶4年（880）10月13日条で、この日、朝廷から石座神に従五位下が授けられている。しかし、磐座信仰という神社の非常に古い形態を有し、それが社名にもなるほどに特長視されていたことからすれば、石座神社が元慶4年よりもはるか昔から素朴なかたちをとって鎮まり、住人から崇められていたことは想像に難くない。そしてその住人とは、平安遷都以前から岩倉の地に住み着いていた一族だったのではないだろうか。祭神名がはっきりしていないことも、神社の古態をしのばせるものがある。

なお、石座神社の現社地の本源である八所明神社は、天禄2年（971）の大雲寺建立の際に鎮守として勧請されたものと伝えられているが、八所明神の8神のうちには石座の神も含まれているし、のちに勧請された十二所明神の中にも石座の神がある。したがって、石座神社は実質的には現社地に平安時代から遷座していて、明治になって八所明神社・十二所明神社から石座神社へと改称されたと解することもできる。

現在の石座神社には八所明神社・十二所明神社の神殿はあるが、石座神社そのものの神殿は存在しない。それは、石座神社の御神体があくまでも南方の山中にある巨岩であるせいもあるのだろう。

大和の葛城とのつながりを示す摂社・一言神社

現在の石座神社には摂社として一言（ひとこと）神社が鎮座しているが、この社はもとは北北東に1キロほど離れた村松にあったもので、明治11年（1878）に現在地に合祀されている。祭神の一言主神（ひとことぬしのかみ）は、大和の葛城（かつらぎ）（奈良県葛城市・御所（ごせ）市を中心とした地域）の地主神で、葛城一言主神社（かつらぎひとことぬし）が本社だ。はるか昔、賀茂氏（賀茂神社を奉斎する一族）は葛城から山城へと移動してきたと伝えられているが（第2章参照）、一言神社の存在は、この移動に伴って一言主神を祀る人びとも葛城から山城へ移り、岩倉に住み着いたことを示しているのではないか、とする見方がある。岩倉という土地がもつ歴史の古さを物語ろうとする見方である。

村上源氏久我（こが）家庶流の岩倉家は、その遠祖 源 具守（みなもとのとももり）が岩倉村に山荘を有していた

一言神社　元は現在の岩倉村松町にあたる「正水山（しょうずやま）」にあった

ことにちなんで家名をつけたと言われ（雨森巌之進編『岩倉村と岩倉公』）、久我晴通の４男具堯（１６３３年没）を祖とする。幕末維新期に活躍した岩倉具視は幕末の一時期、尊攘派によって宮中を追われ、一族ゆかりの岩倉村に潜居していたことがある。その頃の具視は、村松にあった頃の一言神社をしばしば参拝していたそうだ。

一言主神は、庶民のあいだでは、願いを一言だけ聞いてくれる神として信仰されていたという。逼塞中の具視は、討幕の願掛けでもしていたのだろうか。

筏師たちの守護神

志古淵神社

――安曇川流域一円に残る民俗信仰をめぐる

京都市左京区
久多中の町

筏流しの水難除けの神、シコブチ

京都市北東部の山中に源を発して、滋賀県大津市・高島市を経由して琵琶湖西岸に注ぐ、安曇川（あどがわ）という川がある。この安曇川流域一円では、古くからシコブチと呼ばれる神が住民たちの信仰を受けてきた。

シコブチの漢字表記には、志古淵、思古淵、思子淵など、バリエーションが見られるが、ともかくこの神の信仰圏は安曇川流域一帯にかぎられる。この流域一帯の地主神と言ってもよく、支流も含めた川筋には、シコブチ神を祀る小社・祠が点在している。石田敏『安曇川と筏流し』（２０１３年刊）によれば、シコブチ神を祀る神社は安曇川水系に15社確認でき（京都府内に所在するのは3社）、この他に神社跡が2カ所あるという。

安曇川上流　葛川とも呼ばれ、比良山系の西側にある

シコブチとはどのような信仰を担った神であろうか。

安曇川ではかつては筏流しによる木材の運搬が盛んだったが、川の流れは急で、カーブや深い淵も多く、流送には危険が伴った。そこで、水難除けの神、筏師の守護神として信仰されたのがシコブチ神であったらしい。「筏流しを宰領したシコブチがいたずらをする河童を退治し、その徳を偲んでシコブチを祀る祠が建てられた」という伝説（谷川健一編『日本の神々　第五巻　山城・近江』）があることは、この見立てを傍証する。

シコブチという神名の由来については諸説

あるが、シコが古語としては「ごつごつして、いかつい」の義をもつことを考慮すれば、シコブチを「気味の悪い、恐ろしい淵」という意味に解する石川氏（『安曇川と筏流し』）の説に説得力を感じる。同氏は、「筏流しにおける最大の難所が淵であったという事実を思えば、淵への畏怖や畏敬の気持ちが神名に反映したものと考える」とも述べているが、妥当な見解ではないだろうか。

奈良時代にまでさかのぼるシコブチ信仰

石川氏によれば、安曇川中流域の滋賀県の旧朽木村（高島市朽木）からは古墳時代の須恵器片が採集され、同地には古墳らしき塚状の地形があったという伝承もあることから、8世紀以前には安曇川流域に定住者がいたと推測できるという。

そして奈良時代には、東大寺造営を担当する造東大寺司の管轄のもと安曇川流域に山作所（製材所）が置かれていたこと、材木が安曇川流域から琵琶湖・宇治川を経由して泉津（木津）へ筏流しによって運搬され、そこからは陸路によって平城京に送られていたことなどが、『正倉院文書』から明らかだという。

このようなことからすれば、筏流しの守護神としてのシコブチへの信仰の起源は、少なくとも奈良時代にまではさかのぼることができると言えよう。

安曇川上流の山深い渓谷は葛川と呼ばれ、比叡山の千日回峰行を創始した平安時代の天台僧相応（831〜918年）が修行を重ねたところとして知られるが、『葛川縁起』によれば、相応は葛川の地主神である思古淵明神の託宣に従って葛川の霊地を行場とし、のちに不動明王の霊像を安置するための小堂を建てたという。これが葛川明王院の起こりである。『葛川縁起』の成立は平安末期か鎌倉時代とされるが、平安時代にはシコブチ信仰が安曇川流域にすっかり根を張り、この神の名が都にも知られるようになっていたであろうことは想像に難くない。

葛川明王院　息障明王院とも称され、山深い谷の中に建つ

シコブチを祀る神社の成立の起源を明らかにすることは困難だが、文献上で確認できる最も古いシコブチ神社は、安曇川の支流久多川

の河畔に鎮座する志古淵神社で、所蔵する棟札から、鎌倉時代初期の天福年間（1233〜1234年）にはすでに社殿が存在していたことが明らかであるという。社殿が建つ以前には、シコブチ神は簡素な祠のような形態で長らく住民たちによって祀られていたのだろう。

志古淵神社（久多）　京都市の最北端・久多地区に建つ

宮座によって運営されてきた久多の志古淵神社

これらシコブチ神を祀る神社のうち、主要な7社を「七シコブチ」と言う。京都市左京区久多中の町の志古淵神社、滋賀県大津市葛川坂下町の思子渕大明神、同葛川坊村町の信興淵大明神、同梅ノ木町の志子渕神社、高島市朽木小川の思子淵神社、同朽木岩瀬の志子淵神社、同安曇川町中野の思子淵神社がそれである。

このうち京都府に所在するのは、先に文献上では最古のシコブチ神社にあたるものとして触れた、久多の志古淵神社である。

久多の志古淵神社は久多集落の信仰の中核をなすもので、専業の神職が置かれず、宮座(みやざ)によって祭祀や神事が継承されてきた。宮座は氏子たちによって結成された神社運営と祭祀継承のための協同組合のようなもので、交替で諸役を担う。久多の志古淵神社の宮座の場合は、「神殿(こうどの)」と呼ばれる役が神主にあたり、宮座のトップを務める。

宮座は中世以降に広まった民俗で、明治に入ると多くは消滅したが、久多はその古俗が残存した貴重なケースとなっている。

現在の本殿は寛文(かんぶん)12年(1672)に再建された、蒼古たる趣きを漂わせるもので、杉皮葺(すぎかわぶき)の屋根をもつ三間社流造である。毎年8月には、社前で住民たちによって花笠(はながさ)踊(おどり)が奉納される。久多の花笠踊は中世の風流踊(ふりゅうおどり)の面影を残すものと言われ、国の重要無形民俗文化財に指定されている。

平成に再興された里山のシコブチ社

久多の南方に位置する、久多川とはまた別の安曇川の支流、大見川(おおみがわ)の川筋に鎮座する思子淵神社も、京都府に属する(京都市左京区大原大見町)。創祀は不詳だが、「至(し)

思子淵神社（大見）　大見川がうねりながら境内に流れ込む

徳（とく）三年（１３８６）宝殿創造」と墨書された棟札が見つかっているので、遅くとも南北朝時代には社殿が建っていたことになる。

明治に入ると安曇川水系の筏流しは衰退が進んでゆくが、大見は農業や炭焼きでもちこたえ、京都と若狭を結ぶ鯖街道が通っていたこともあって、山あいの小村とはいえ一定のにぎわいをみせた。明治初年の大見村の住民は82人である（『京都府地誌』）。この山里の産土神としても機能していたのが、大見の思子淵神社であった。明確な記録は残されていないが、おそらく宮座的な形態で運営されていたのだろう。

ところが、昭和戦後には薪炭（しんたん）の需要が激減したこともあって離村者が相次ぐようになり、1970年頃にはいったん廃村状態に陥ってしまう。

しかし、平成22年（2010）頃から状況が転じる。旧住民の子孫が定住するようになり、大見集落の再生が試みられたのである。そしてこの動きにともなって、荒廃していた思子淵神社の復興も行われた。

平成30年、筆者は、再建者の方々の案内で再興された思子淵神社を詣でる機会に恵まれた。鎮座地は、集落からやや離れた山林の中だが、蛇行する急流が作る淵のすぐそばであり、まさしくシコブチ信仰のルーツをしのばせていた。鳥居もなく、神社というよりはやや大きめの祠という雰囲気だったが、そこには、この土地に育まれてきた豊かな信仰を大切にしたいという、再建者たちの思いを感じ取ることができた。

かつては陸の孤島のような場所だった久多や大見も、現代では車を使えば京都市街から2時間ほどで行くことができる。洛北の奥処（おくが）に鎮まる地主神を訪ね、都の造営に必須の木材を供給しつづけた筏師たちの姿に思いをはせるのも、京都古社めぐりの醍醐味だろう。

[京都神社のツボ①]

式内社

——由緒ある古社の称号

神社めぐりをしていると、「式内社」という言葉を耳にすることがよくあるはずだ。式内社とは、端的に言えば、『延喜式』という平安時代に編纂された書物の「神名」という巻に記載されている神社のことである。

『延喜式』は律令（国家の基本法典）の施行細則をまとめた法典で、延喜5年（905）に編纂が開始され、延長5年（927）に完成し、さらに修訂が加えられたうえで康保4年（967）から施行された。

『延喜式』の巻1～巻10は神祇官（神社と祭祀を司った役所）関係の細則を収録した「神祇式」で、このうちの巻9・巻10が「神名」と題され、神祇官が国家的祭祀の対象として管轄する神社（官社）の名称が、諸国ごとに区分けされて列記されている。格の高い神社には「大」と付記され、その大社のなかでもとくに霊験が著しいとされた神社には「名神」と付記されている。「神名」巻は言わば平安時代における全国官社リストで、通称を「神名帳」と言う。

記載された神社の総数は2861社に及ぶ（そのうち山城国は90社）。式内社であることはその神社が平安前期までには成立していたことを意味し、後年には、由緒ある古社であることを示す一種の称号となっていったのである。

第 2 章

賀茂神の軌跡をたどる

九州から大和、山城へと移動してきた賀茂神

数ある京都の古社のなかでも、とくに古い由緒と高い格式を兼ね備えたところと言えば、まず筆頭に挙がるのは、賀茂神社だろう。

平安時代から鎌倉時代にかけては、賀茂神社には未婚の皇女が仕え、「斎院（斎王）」と呼ばれる特別な巫女として神事を執り行うことが習いとなっていた。天皇が神に対して最愛の娘を捧げるというかたちをとったわけで、このようなことが行われたのは、賀茂神社の他には、伊勢神宮のみである。京都の古社のなかで、皇室から最も篤い尊崇を受けたのが、賀茂神社なのである。

このような特別な扱いを受けたのは、とにもかくにもその歴史の古さにあると言えるのだが、そんな京都の賀茂神社は、正確に言うと次の2つから成っている。

ひとつは賀茂川上流の東岸、神山の麓に鎮座する上賀茂神社で、正式には賀茂別雷神社と言い、賀茂別雷神を主祭神とする。

もうひとつは下鴨神社で、上賀茂神社から4キロほど南東に行った、賀茂川と高野川の合流地付近に鎮座する。正式には賀茂御祖神社と言い、玉依媛命と賀茂建角身

命を主祭神とする。

賀茂神社に関する最も古い史料は『山城国風土記』（奈良時代初期成立）逸文の賀茂社条（『釈日本紀』所引）で、そこにはおよそ次のようなことが書かれている。

往古、日向の高千穂峰に賀茂建角身命という神が天降りした。この神は、神武天皇の東征を先導したのち、大和の葛城山の峰に移るが、やがて山城国の岡田の賀茂に移り、さらに北上。葛野川（桂川）と賀茂川の合流地点に至ると、賀茂川上流を見渡して「狭く小さいけれど、石が多く、清らかな川だ」と述べてから、さらに川をさかのぼり、久我国の北にある山の麓に鎮まった。「久我国」が正確にどこをさすかは議論があり、このことは本文で追々触れるが、その国の「北にある山の麓」とは、大ざっぱに言えば、現在の上賀茂神社の所在地にあたる。

つまり、賀茂神は京都では非常に歴史の古い神だが、かといって決して土着神というわけでもなく、九州↓大和↓山城というルートで漸次移動してきたというのである。『風土記』の伝承を証するように、このルート上には賀茂神を祀る古社が分布している。そこで本章では、これらの神社を紹介するかたちをとりながら、賀茂神の軌跡とその信仰を伝えた人びとの歴史をたどってみることにしてみたい。

賀茂神伝説の里

岡田鴨神社

――木津川のほとりに鎮まる古社と幻の都

木津川市
加茂町北鴨村

ヤタガラスを化身として旅をした賀茂建角身命

賀茂神の遍歴を記す『山城国風土記』逸文の賀茂社条は、次のようにはじまる。

「可茂の社。可茂と称ふは、日向の曽の峯に天降り坐す神、賀茂建角身命、神倭石余比古の御前に立ち坐して、大倭の葛木山の峯に宿り坐す。彼より漸に遷る。山代国の岡田の賀茂に至り、山代河の随に下り坐す」

この内容を、いくつかのポイントに分けてみる。

①賀茂建角身命（賀茂神）が「日向の曽の峯」（「日向の襲の高千穂峰」とも呼ばれた南九州の高千穂のこと）に天降るが、②やがて神倭石余比古（神武天皇）の先導役と

なり（つまり、神武東征の先頭に立った）、③いったん「大倭の葛木山の峯」に宿るも、④そこから徐々に移動して「山代国の岡田の賀茂」へ遷り、⑤「山代河」（木津川（きづがわ）のこと）に沿って下って（北上して）いった。

ここでそれぞれについて考察を加えてみると、①の賀茂建角身命がまず南九州に降臨したというのは、賀茂神の本籍地が南九州にあるということよりも、この神が、ニニギの高千穂への天降り（天孫降臨）に随従していたことを言いたいのだろう。しかし、『古事記』『日本書紀』の天孫降臨の場面に賀茂神は一切姿を見せていない。したがってこのくだりは、ニニギの子孫＝天皇家と賀茂氏のつながりを強調するために施された潤色とみるべきだろう。

②の賀茂建角身命が神武東征の先導役を務めたというのもあくまでも伝説だろうが、こちらについては、あながち後世の作り話とも言えない面がある。同じような内容を記す古い史料があるからだ。

ひとつは、平安時代初期に編纂された古代氏族系譜集『新撰姓氏録（しんせんしょうじろく）』である。この書の「山城国神別」巻には賀茂神を祖神とする賀茂氏（鴨県主（かもあがたぬし））の条があるが、そこには、「神武天皇が中洲（なかつくに）（大和）に向かったとき、山中で道に迷うと、賀茂建角身命が大烏（おおがらす）に化して翔け飛び、導き奉った」ということが書かれている。『山城国風土記』逸文と重なる伝承である。さらに、この活躍を機に、賀茂建角身命＝大烏がヤタガラス（八咫烏）と呼ばれるようになったということも書かれている。つまり、記紀の神武東征伝説に登場する、神武一行の案内役として天照大神（あまてらすおおみかみ）が遣わしたヤタガラスは、じつは賀茂建角身命の化身だというのである。

『日本書紀』の神武東征譚にも、賀茂神＝ヤタガラス伝承と関連があるとみられる記述がある。東征後、大和で神武天皇が論功行賞を行う場面に、「ヤタガラスも恩賞にあずかった。このヤタガラスの子孫が葛野主殿県主（かづののとのもりのあがたぬし）だ」という記述がある。「葛野主殿県主」の解釈については議論があるが、これを賀茂県主もしくはこれと同系の氏族のこと、つまり、賀茂氏のこととみる説がある。この説に立てば、ヤタガラスとは賀茂氏の祖神であり、同時に賀茂建角身命の化身だということにもなる。

もっとも、神武東征自体が伝説色の濃いものなのだから、賀茂神が初代天皇の先導を務めたとか賀茂神の化身がヤタガラスだというのも所詮は伝説であって、そのまま史実とみなすことには無理がある。しかし、一連の説話から、賀茂神・賀茂氏が天皇家と古くから強い結びつきをもっていたこと、賀茂神が皇室からも古くから崇敬を受けていたことを推測することはできよう。

葛城地方にもあった賀茂氏の本拠地

次は③だが、「大倭の葛木山の峯」とは、奈良県と大阪府にそびえる葛城山（現代では金剛山ともいう。葛城・葛木は古代にはカヅラキと読まれた）をさす。つまり、神武東征の先導の務めを果たしたあと、賀茂神は大和の葛城山にいったん居を定めたというのだが、この記述は、②までの記述に比してグッと史実性が高まる。葛城山東麓に広がる葛城地方は、賀茂氏の大和における本拠地として知られているからだ。

この葛城の地に鎮座する、鴨都波神社（奈良県御所市宮前町）、高鴨神社（同市

鴨都波神社　高鴨神社（上鴨社）に対して「下鴨社」と称される

高鴨神社　全国のカモ（鴨・賀茂・加茂）神社の元宮とも言われる

鴨神）といった古社は、賀茂氏によって奉斎された神社であり、この地に古くから賀茂氏が住んでいたことを示している。

ただし、ややこしい問題がある。大和の葛城を本拠とした賀茂氏と、最終的に山城に住み着いて賀茂神社を祀った賀茂氏は、名前は同じであるものの、全く別個の氏族ではないか、とも言われているからである。つまり、賀茂氏には、大和の賀茂氏と山城の賀茂氏の2系があるというのだ。その根拠としては、次のようなものがある。

〇姓（かばね）が異なる。大和系賀茂氏の姓は君（きみ）（のちに朝臣（あそん））、山城系賀茂氏の姓は県主。

〇祖神が異なる。『古事記』によれば大和系賀茂氏（鴨君（かものきみ））の祖神は大物主神（おおものぬしのかみ）。一方、山城系賀茂氏（賀茂県主）の祖神は、『新撰姓氏録』によれば、神魂命（かみむすびのみこと）（賀茂建角身命の先祖）。
○養老令の注釈書『令集解』（9世紀後半成立）に引用されている『古記』では、「葛木（葛城）鴨」（＝大和系の賀茂神）が地祇、「山城鴨」が天神とされていて、区別されている。
こうした事実からすれば、賀茂氏2系説は動かしがたいようにも映るが、異論も少なくない。そのひとつは、「大和系の賀茂神も山城系の賀茂神も同系なのだが、山城の賀茂氏と朝廷とのつながりが密接であったため、山城系の賀茂神が〝天神〟に組み込まれたのだ」というものだ。また、「熊野方面から北上してきた山城系賀茂氏は、一時、大和系賀茂氏が住んでいた葛城にいたが、そこに定着することができず、さらに北の山城をめざしたのだろう」という見方もある。

こうなると真相はよくわからないということになってくるが、まあ、同じ「カモ」という名前を有するのだから、大和系賀茂氏も山城系賀茂氏もどこかでつながりをもっていてもおかしくはあるまい。本書では、具体的な年代を提示することは難しいが、ともかくその昔、本章の主役である山城系賀茂氏が賀茂氏のもうひとつの聖地である大和の葛城に住んでいたことがあって、大和系賀茂氏と交流をもっていた、という立場に立つことにしたい。

ちなみに、カモの語源についてはいくつか説があるが、カミ（神）とする説が有力である。

岡田鴨神社は賀茂氏が山城国に築いた最初の拠点

賀茂神は葛城を発って「山代国の岡田の賀茂」に遷ったというのが④だが、このくだりになると、さらに史実性は高まる。「山代国の岡田の賀茂」は木津川中流沿岸の京都府木津川市加茂町（旧山城国相楽郡岡田郷）のことをさしているのだが、同地には、賀茂建角身命を主祭神とする式内大社岡田鴨神社が鎮座しているからだ。

社伝は、『山城国風土記』逸文にもとづき、神武天皇の大和平定後、賀茂建角身命が葛城をへて当地に遷った際に創祀されたとし、その時代を第10代崇神天皇の時代としている。現社地は木津川南岸の集落の中だが、当初の鎮座地はここから200メートルほど西に行ったところだという。川べりに近いところで、現在は竹藪の中に旧社地を示す石碑が建っている。

かつて木津川は岡田山（現・流岡山）の北側を流れていて、神社はこの小丘の南側

岡田鴨神社　京都・下鴨神社の元宮ともされる

に位置していたのだが、のちに川が岡田山の南側に流路を変えたことでしばしば水害に遭うようになり、そのため、現社地に遷座したのだという。

神社が鎮座する旧岡田郷が賀茂神・賀茂氏とのゆかりが深い土地であることは、古代からこの地域内に「賀茂」という地名があったこと、岡田付近では木津川が「鴨川」とも呼ばれてきたことなどからも明らかである。地名としてのカモは現在の町名「加茂町」にも引き継がれている。おそらく、岡田の地は葛城方面から進出してきた賀茂氏が山城国に入って最初に築いた拠点であり、その彼らが祖神を祀ったのが岡田鴨神社の起こりなのだろう。

奈良時代には近くに恭仁宮が造営された

奈良時代、この岡田の地に聖武天皇によって恭仁宮が営まれたことがある。天平12年（740）12月から天平16年2月まで、わずか3年余りだが、都が平城宮からここに遷されたのである。賀茂氏が岡田に進出したときから数百年はたっていただろう。現在の木津川北岸の瓶原と呼ばれる平野部がその場所に比定されている。岡田鴨神社から見て川の対岸だが、現在は橋もあるので、車なら10分もかからない。

聖武天皇が岡田を新都の地に選んだのは、元々このあたりに離宮（岡田離宮と甕原離宮）があって、地理を知っていたことが理由のひとつだったとみられる。北側に急峻な山地をいただき、南側には平野が開け、その中央を木津川が滔々と流れる。そんな景観を聖武天皇は気に入ったのではないだろうか。現在でもこのあたりの木津川は京都の鴨川（賀茂川）や桂川などよりも川幅が広く、川沿いの平野部には田畑が広がっていて、風景はのどかであたたかである。

じつは岡田鴨神社の現社地は、恭仁京の呼び水となった岡田離宮の旧跡を保存するために創祀され天神社の境内と伝えられている。そして天神社はのちに天満宮に発展したと考えられている。現在の岡田鴨神社には春日造の社が2つ並んでいるが、向かって右側が本殿で賀茂建角身命を祀り、左側が摂社で菅原道真公（天満宮の祭神）を祀っている。

岡田鴨神社　右側が賀茂建角身命を祀る本殿、左は摂社の天満宮

短命な恭仁宮ではあったが、聖武天皇がこの地に遷都したのは、離宮があったことに加えて、ここが初代天皇の案内役を務めた賀茂神の故地であったことも知っていたからではないだろうか。言うなれば、賀茂建角身命に導かれたのである。

しかし、賀茂の神は岡田の地に安住したわけではなかった。⑤にあるように、ほどなくして木津川に沿って北へ遷りはじめたからである。

このとき、賀茂建角身命は船に乗って移動したのだろうか。それとも、再びヤタガラスに身を変じて、空を翔けたのだろうか。

幻影の「クガ国」
久我（くが）神社と久我（こが）神社
——賀茂神を魅了したクニはどこなのか

京都市北区紫竹（しちく）／伏見区久我（こが）森の宮町

鴨川の清らかな流れが気に入った賀茂神

岡田鴨神社を発ち、木津川を下った賀茂神はどこへ向かったか。『山城国風土記』逸文の賀茂社条の続きを見てみよう。

「葛野河（かどのがは）と賀茂河（かもがは）の会（あ）ふ処（ところ）に至り坐（ま）す。賀茂川を見廻（みめぐ）りて、言（い）はく『狭小（さ）くあれど、石川の清川（すみかは）にあり』といふ。仍（よ）りて、名を石川の瀬見（せみ）の小川（をがは）と曰ふ。彼（そ）の川より上（のぼ）り坐し、久我国（くがのくに）の北の山基（やまもと）に定まり坐す。その時より、名を賀茂と曰ふ」

「葛野河」は今の桂川で、「賀茂河」は鴨川（賀茂川）である。この2つの川が合流するところと言えば、現代の地理では下鳥羽（しもとば）のあたりである。古代と現代とでは川の流路に変遷があることに注意する必要があるが、両川の合流地点は古代も、大まかにはこのあたりだったとみられる。

第1章でも触れたが、この一帯の古代の地形を考えるうえで気をつけたいのは、宇治の西側に巨椋池（おぐらいけ）という湖が広がっていたことだ。この湖に、南からは木津川、東からは宇治川、北からは鴨川と合流した桂川が流入し、合わさった水が淀川（よどがわ）となって西南方向に流れ、大阪湾に注がれていた。

ということは、賀茂建角身命は、木津川を下っていったん巨椋池に入った後、淀川沿いに下らずに、桂川をさかのぼるルートをとり、さらに北上を続けて、鴨川との分岐点である下鳥羽に至ったことになる。

賀茂川　上流方向を望む

そして、そこから鴨川の上流を見渡して、「狭く小さいけれど、石が多く、清らかな川である」と感慨にひたったのだ。当時の鴨川は、木津川に比べれば随分と川幅が狭く、水量も少なかったのだろう。だが、川底の石がよく見えるほどに水がとても清らかだったので気に入り、「石川の瀬見の小川」と名づけた。

「瀬見の小川」というと、一般的には下鴨（しもがも）神社の糺（ただす）の森を流れる小川が有名だが、『山城国風土記』逸文の言う「瀬見の小川」は、文脈からするならば、鴨川そのもののことと解釈するほかないのではないだろうか。「瀬見の小川」という言葉からは、水底の浅い細流というイメージがつい浮かんでしまうが、「小川」というのはあくまで木津川と比べてのことで、「瀬見」は川底がよく見えるほどに水が澄みわたっていた様を言い表しているのだろう。

なお、鴨川も賀茂川も結局は同じ川のことなのだが、現代では大原方向から流れてくる高野川（たかのがわ）との合流点から上流を賀茂川、下流を鴨川と書き分けるのが慣例となっているので、本書でもこれにならうことにした。

上賀茂神社の境外摂社・久我神社が久我国の中心地か

鴨川が気に入った賀茂建角身命はこの川を遡行してゆき、「久我国の北の山基」に至ると、ついにそこに鎮まったという。この箇所の解釈で古来難問となってきたのが、「久我国」である。

山城国内のどこかに、古くは「久我」と呼ばれたクニがあったというのだが、その具体的な場所がよくわからないのである。クニというからにはそれなりの面積をもっていたはずだが、古い史料や文献には、『山城国風土記』逸文のこの一文を除けば、久我国の存在や場所について言及するものが皆無だからだ。

ただし、「神社」に視野を広げるならば手掛かりが見つかる。『延喜式』「神名帳」の山城国愛宕郡21座の中に式内小社として「久我神社」があって、この社名が久我国に由来するともみられているからだ。

江戸時代後期の国学者伴信友は、賀茂神に

久我神社（上賀茂）　上賀茂神社の南西約1キロの地に鎮座する

関する論考『瀬見小川』の中で久我国の場所を考証し、愛宕郡の式内社久我神社の鎮座地一帯をそれであるとし、付近にある賀茂神社（上賀茂神社・下鴨神社）が繁栄するにつれて「賀茂」という地名が浸透し、それに押されて地名としての「久我」は廃れていったとしている。つまり、久我神社の鎮座地一帯の旧称が久我だというのである。

現在この久我神社に比定されているのは、賀茂建角身命を祭神とする久我神社（京都市北区紫竹）で、上賀茂神社の境外摂社となっている。ただし、こちらの久我はコガではなくクガと読まれることになっている。場所は上賀茂神社の西南で、上賀茂神社から御薗橋を通って賀茂川を渡り、しばらく進んでから大宮通りを南方向に曲がり、5分ほど歩いたところだ。

現在は住宅や商店に囲まれているが、かつてはこの付近には「大宮の森」と呼ばれる森が広がっていたという。境内には巨樹が繁茂していて、往時の面影を残している。「大宮」はこの久我神社の通称だそうだが、現在の境内はさほど広いものではない。

もっとも、この神社は近世までは氏神社、大宮と呼ばれていて、久我神社と称されたことがないという話もある（『式内社調査報告』第1巻）。また、かつては下鴨神社にも久我神社という摂社があり、愛宕郡式内社の久我（こが）神社はこちらではなかったかという説もある（信友はこの立場をとった）。

久我神社（伏見）　上賀茂神社から南へ約14キロ離れた場所に鎮座する

伏見にもあった久我国の伝承地

話が込み入ってきたが、じつは久我国の場所には他にも有力な候補がある。

旧山城国乙訓（おとくに）郡に属する京都市伏見（ふしみ）区の桂川西岸にも「久我」という地名があり（こちらはコガと読まれる）、そこにも久我（こが）神社という古社が鎮座している（伏見区久我森の宮町）。

以下では、わかりやすくするために、前述の上賀茂神社摂社の久我（くが）神社を「上賀茂の久我（くが）神社」、今触れたもうひとつの方を「伏見の久我（こが）神社」と呼ぶことにしたい。

伏見の久我神社の祭神は賀茂建角身命と、その娘玉依媛命、玉依媛命の子賀茂別雷神の3柱で、『延喜式』「神名帳」に載る山城国乙訓郡の久何神社に比定されている。

現在では住宅密集地のただ中にあるが、上賀茂の久我神社と同じように、かつてはこの一帯に豊かな森が広がっていて、「久我の杜」と称された。そのために神社は「森明神」とも呼ばれたというが、今もその面影は社叢に残されている。

創祀年代は不詳だが、次のような説がある。

摂社に歯神社があり、天神立命という神が祀られている。古代の有力豪族物部氏に関連する古伝承を記す『先代旧事本紀』（9世紀頃成立）の巻第3「天神本紀」によれば、この神は「山背久我」という豪族の祖神である。ということは、山背（山城）国を本拠とした古代豪族久我氏（村上源氏嫡流の公家の久我氏とは別）が自らの祖神を祀ったのがこの神社の起こりではないか——というのである。

これは、地名としての「伏見の久我」は豪族久我氏に由来するという見方である。

しかし、本社の祭神が賀茂神であることからすれば、伏見の久我神社の鎮座地は賀茂神の伝承に出てくる久我国と深い関係があるのではないか、当社一帯こそが久我国の中心だったのではないかとも思えてくる。

さらに注目したいのは、伏見の久我が桂川と鴨川の合流地付近に位置していることである。

久我神社（伏見）境内　境内を横切るかたちで大井手川が流れる

先に記したように、『山城国風土記』逸文は、木津川沿いに北上してきた賀茂建角身命は桂川と鴨川の合流地点に至るといったん足を止め、鴨川の上流を眺め、その清らかな流れを賞したと伝えている。

すると、こんな考えが頭に浮かぶ。

桂川と鴨川の合流地にあたる伏見の久我とは、北上してきた賀茂建角身命が足を休めた地にほかならず、このことをゆかりとして、伏見の久我神社は賀茂の神々を祀っているのではないだろうか――。

つまり、「大和から移動を続けてきた賀

茂氏は、川の分岐点である伏見の久我まで来るとしばらく留まり、一部はここに住み着いた。その住み着いた賀茂氏が祖神を祀ったのが久我神社の起こりではないのか」ということである。

現在の伏見の久我神社の境内からは桂川も鴨川も望むことはできないが、かつては川岸が近くまで迫っていたのだろう。そうであれば、この神社の地は賀茂神が川を眺め渡すのにじつに適した場所だったと言えよう。現境内にはせせらぎが流れて森を潤しているが、このかわいらしい流れは「瀬見の小川」の末裔なのか。

上賀茂の久我神社とは、賀茂氏が伏見の久我から遷したものだったのではないだろうか。

賀茂神は久我国の「北」に住み着いた

『山城国風土記』逸文によれば、長旅を続けてきた賀茂建角身命は「久我国の北の山基」、つまり「久我国の北にある山の麓」に鎮まり、その地は「賀茂」と名づけられたという。この箇所を「久我国の北山の基」と訓み下し、「北山」を固有名詞と解する読み方もみられるが、筆者は「久我国の北の山基」と訓み下す説を採りたい。そのほうが意味が通りやすいからだ。

ここでいう「山」とは、北区上賀茂にそびえる神山（こうやま）のこととされている。標高は300メートルほどだが、御椀を伏せたようなきれいな形をした、いかにも神奈備（かんなび）らしい雰囲気の山である。そこは賀茂川の川上のほとりで、上賀茂の久我神社からも、伏見の久我神社からも、北方に位置する。すなわち、「久我国の北」である。

そしてこの神山の南麓に鎮座するのが、神山を神体山とする上賀茂神社なのである。

乙訓の聖地

向日(むこう)神社

──賀茂神の父神が祀られた古社をめぐる謎

向日市
向日町北山

賀茂別雷神の誕生

ついに洛北の賀茂にたどり着いた賀茂建角身命は、その後どうしたか。

『山城国風土記』逸文・賀茂社条の続きを見てゆくことにしたいが、このくだりはやや長いので、原文ではなく、意訳するかたちで現代語で記してみたい。

「賀茂建角身命は丹波国神野(たんばのくにかみの)の神である伊可古夜日女(いかこやひめ)を娶り、まず玉依日子(たまよりひこ)という息子を、次に玉依日売(たまよりひめ)という娘をもうけた。

あるとき、玉依日売が石川の瀬見の小川で川遊びをしていると、丹塗りの矢が川上から流れ下ってきた。不思議に思った玉依日売はこの矢を手にとり、寝床に挿し置いた。すると、日売は身籠り、男の子を生んだ。

この子が成長すると、祖父の賀茂建角身命は、8つの扉をもつ八尋屋（広大な屋敷）を造り、8つの甕に酒を醸し、神々を集めて七昼夜にわたって宴をはった。このとき、賀茂建角身命は孫にこう告げた。

『自分の父親と思う人にこの酒を飲ませなさい』

すると孫は杯を掲げて天に向かって奉ろうとし、屋根の棟を突き破って天に昇っていった。彼は、祖父の名にちなんで可茂別雷命（賀茂別雷神）と名づけられた。

玉依日売をはらませた丹塗矢は、乙訓郡の神社に鎮座する火雷命である」

賀茂別雷神の父神は賀茂ではなく乙訓に祀られた

解説を加えながら読み直してみよう。

「丹波国神野の神」は、丹波国氷上郡の式内社神野神社（現在地は兵庫県丹波市氷上町北御油）、または桑田郡の式内社神野神社（現在は宮川神社として京都府亀岡市宮前町宮川に鎮座）のことかという。つまり、山城国の北まで来て賀茂の地（現在の上賀茂神社のあたり）に住み着いた賀茂建角身命は、隣国丹波の女神を妻に迎えたのだ。

夫婦にはまもなく男児と女児が生まれるのだが、このうち伝説で重要な役をはたすのは姫神の玉依日売（玉依媛命、玉依姫命などとも書かれる）で、彼女は「石川の瀬見の小川」――前項で説明したように鴨川（賀茂川）のことだろう――で遊んでいるとき、流れてきた丹塗矢を拾い、これを寝床に挿して寝ると、妊娠してしまう。

矢によって神異の子を身籠るというのは神婚説話の一類型で、『古事記』にも、乙女が大物主神の化身である丹塗矢に陰部を突かれたことで懐妊し、神武天皇の皇后となる伊須気余理比売（いすけよりひめ）を生むという、これとよく似た伝説がある。こうした説話における矢とは、男神の性器のシンボルだろう。『山城国風土記』逸文の場合では、のちほど明かされるように、玉依日売を懐妊させた矢の正体は火雷命、つまり雷神であった（神武天皇の母神もタマヨリヒメと言うが、賀茂の玉依比売とは別神とみるべきだろう）。

玉依日売が生んだ男児は確かに神異の子であった。彼が成人すると、祖父にあたる賀茂建角身命が1週間にわたって酒宴をひらくのだが、このとき彼は天にいます父神、すなわち雷神に神酒を献じるべく、昇天してしまうからである。

昇天した神は賀茂別雷神と名づけられる。なぜなら、母系に賀茂神（賀茂建角身命）、父系に雷神をもつからだ。「別（わけ）」は「分け持つ」の義とも「ワカ（若）」の転ともとれるが、後者にとるなら、この神の名義は「賀茂の若々しい雷神」となろうか。

この賀茂別雷神を主祭神とするのが、賀茂別雷神社を正式な社名とする上賀茂神社である。賀茂神が定着した地に鎮まる上賀茂神社が祀るのは、賀茂建角身命ではなく、賀茂別雷神の父である雷神（火雷命）でもなく、この地で生まれ育った賀茂別雷神なのだ。火雷命とは雷をもたらして雨を降らす神であり、農耕の神である。そんな農耕神の神格も受け継ぐ賀茂別雷神には、遍歴を続けた末に定住して農耕民となった賀茂一族の姿が映し出されているのではないだろうか。

賀茂建角身命の方はのちに下鴨神社に祀られることになるのだが、では、火雷命はどこに祀られたのか。『山城国風土記』はその社を「乙訓郡の神社」とする。『延喜式』「神名帳」の乙訓郡の項を見ると、まさに「乙訓坐火雷神社（おとくににますほのいかづち）」という名の神社があるが、これである。

乙訓の火雷社と向日神社の複雑な関係

問題は、乙訓坐火雷神社（以下、火雷社）が現在のどの神社に比定されるかだ。

乙訓（旧乙訓郡）は、京都盆地の西の縁をつくる西山連峰と桂川に囲まれた地域の

角宮神社　乙訓坐火雷神社（乙訓神社）の後身とする説がある

ことで、現在の京都府向日市・長岡京市を中心としたエリアにあたる。しかし、現在このエリアには、「火雷社」に類する名前をもつ神社は見当たらない。

この問題については古来論争があるが、通説はこうである。

「火雷社は乙訓神社とも呼ばれ、桂川の支流小畑川西岸に広がる旧井ノ内村（現京都府長岡京市井ノ内）に所在していた。

しかし、鎌倉時代の承久の乱（1221年）によって廃亡してしまったため（一説に神主の六人部氏が後鳥羽上皇方について敗れたためだという）、小畑川を挟んで対岸の丘陵上に鎮座する向日神社の境内に遷座した。井ノ内に現存する角宮神社は火雷社の旧跡である」

これは明治時代に教部省が編纂した式内社の調査報告書『特選神名牒』などにみられる説である。

向日神社 本殿は明治神宮のモデルとなった

この説で火雷社の旧跡とされる井ノ内の角宮神社は、火雷神＝火雷命を主神とする。神社の伝承では旧社地は井ノ内の西部（宮山）で、文明16年（1484）に現社地（東に500メートルほど離れた井ノ内南内畑）に再興されたとしている。とすると、その宮山の地こそが火雷社の本籍なのかもしれない。ちなみに、角宮の「角」は、賀茂建角身命に由来するという説がある。

一方、火雷社の遷座先だという向日神社は、古くは「長岡」とも呼ばれた南方向に細長く延びる向日丘陵の南端にあり、乙訓郡の式内社向神社に比定されている。現在の祭神は向日神（むかひのかみ）・火雷神・玉依姫命（玉依日売）・神武天皇である。地名としての向日は、この向日神社に由来している。「向日（日に向かう）」の名にふさわしく、社地は南面した見晴らしのよい丘の上で、乙訓南部を一望できる。

向日神というのは聞き馴れない神名だが、向日丘陵の地主神（じぬしがみ）なのだろうか。ただし、『古事記』上巻のスサノオの御子神大年神（おおとしかみ）の系譜に、伊怒比売（いのひめ）との子としてその名が挙げられている「白日神（しらひのかみ）」を向日神の誤記とする説もある（本居宣長（もとおりのりなが）『古事記伝』）。

火雷神（火雷命）やその妻神の玉依日売を祀っていることは、かつて井ノ内にあったという火雷社が中世に当社に遷されたという説を裏書きしているようにもみえる。

ところが、向日神社側の伝承はこれとは少々異なっている。

向日神社の神主で国学者だった六人部是香（よしか）が幕末に書いたかという『向日社略記』によれば、向日神社は元来は上社・下社に分かれていて、現社地は上社で向日神を祀り、下社は他所にあって火雷神を祀っていた。ところが中世に下社が大破したため、上社に合祀されたのだという。乙訓坐火雷神社は独立した神社ではなく、あくまで向日神社の下社であり、向日神社の傘下にあるという主張である。

『向日二所社御鎮座記』に記された火雷社の縁起

向日神社の社家である六人部家には、『向日二所社御鎮座記』という興味深い文書も伝えられている。これは上社（向日神）・下社（火雷神）それぞれの由来・古史を記した縁起書で、元慶3年（879）の奥書をもつ。ただし原本はなく、現存するのは天正11年（1583）記の転写本とされるものである。偽書の可能性も取りざたされる文書だが、そのことを踏まえたうえで、筆者の興味を引いた下社の章（「下社御鎮座事」）の記述に多少の考察を加えてみたい（『向日二所社御鎮座記』の原文は中村修『乙訓の原像・続編』に収録されている）。

○火雷命が向日神社下社に鎮座した由来を記す『向日二所社御鎮座記』下社章の前半は『山城国風土記』逸文・賀茂社条と内容が重複しているが、所々に異同や書き足しがある。たとえば、『風土記』では、神武東征の先導を務めた賀茂建角身命は大和の葛城山に留まってから山城の岡田賀茂に向かうが、『御鎮座記』では、賀茂建角身命（正確に言うと、『御鎮座記』では「賀茂」と「身」がとれて「建角命」と記される）は、葛城ではなく「宇陀県」に鎮まってから、岡田賀茂に遷っている。

「宇陀県」は奈良県中東部の地域名で、『古事記』『日本書紀』の神武東征伝では、ヤタガラスに導かれた神武一行は宇陀を経由して奈良盆地に入っている。この伝承と関連があるのか、宇陀には八咫烏神社が鎮座している（宇陀市榛原高塚）。もっとも、『続日本紀』慶雲2年（７０５）9月9日条の「八咫烏社を大倭国宇太郡に置きてこれを祭らしむ」が創建の記録とされているので、初代天皇に由来するという割には、さほど古い歴史を有していないことになる。とはいえ、この地にヤタガラスを祀る神社が創建されたのは、慶雲2年以前から当地とヤタガラスとのゆかりが伝えられていたからだと考えることもできる。

賀茂氏の伝承ではヤタガラスが賀茂建角身命の化身とされていることはすでに記したが（72ページ）、このことを頭に入れるなら、賀茂建角身命がヤタガラス伝説の里と言える宇陀を経由して山城に向かったという『御鎮座記』の記述は、それなりの整合性をもっていることがわかる。これは葛城系の賀茂氏と山城系の賀茂氏は全く無関係であるという主張にもなっている。

もちろん、『御鎮座記』の筆者が何らかの意図をもって記紀のヤタガラス伝説と『風土記』の賀茂神伝承をミックスさせた可能性もあるが、「宇陀経由」伝承は、賀茂

向日神社とその周辺

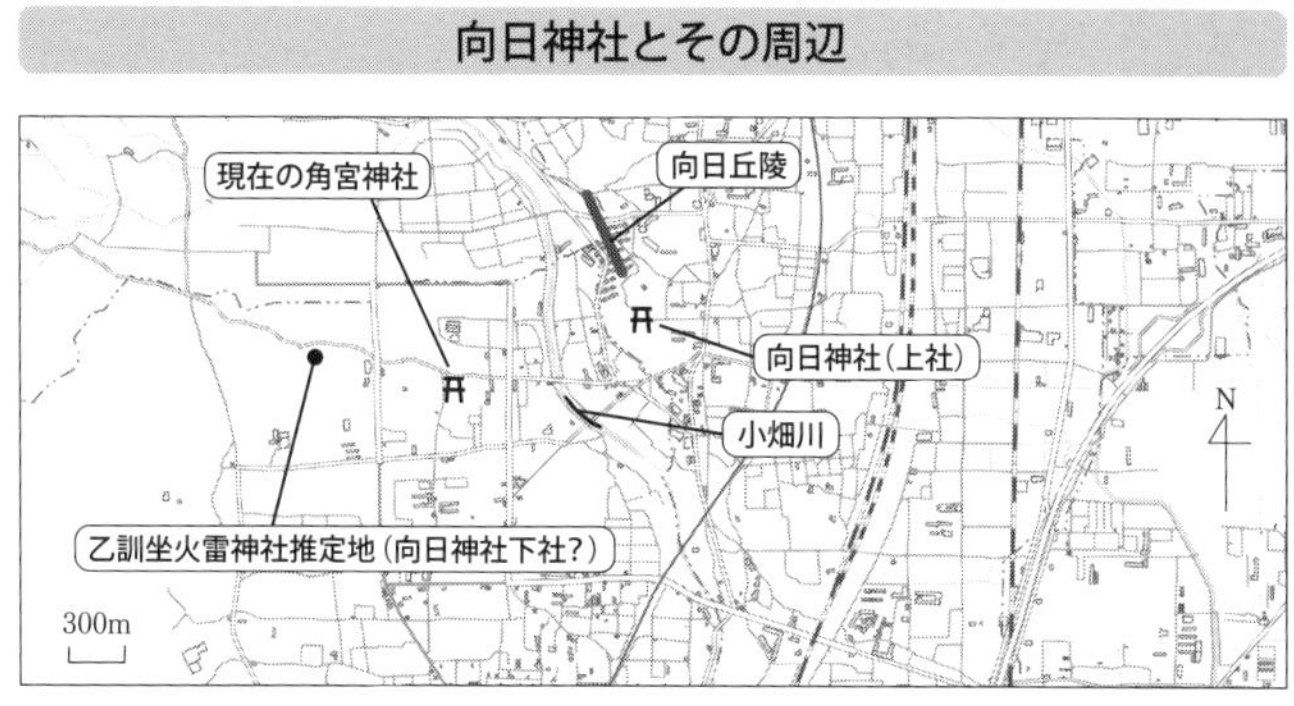

地理院地図Vectorを加工して作成

神・賀茂氏のルーツをより深く考察する際には興味をかきたてる材料となろう。

○『山城国風土記』には、賀茂別雷神の父神である火雷命が乙訓郡の神社に祀られることになった経緯は何ら記されていない。しかし、『御鎮座記』はこう記している。

賀茂の地に鎮まった賀茂別雷神は、祖父の賀茂建角身命に対して「私を祀るように、わが父大神を斎き奉れ」と命じた。そこで賀茂建角身命は「美き宮地」を探しまわり、向日山の麓こそがそれにふさわしいとして社を建て、火雷命を斎き奉った。

「向日山」とは向日丘陵の南端のことで、現在の向日神社（上社）の鎮座地である。その麓に火雷命が祀られ、それが下社の起こりになったというのである。

「向日山の麓」は、具体的には上社の北側を除く周囲三方をさすことになる。そのエリアを広くとるなら、火雷社の旧地と目される井ノ内も含めることができる。つまりこの記事の要諦は、賀茂別雷神の命を受けて賀茂建角身命が火雷命のために探した「美き宮地」に建てられた神社が乙訓坐火雷神社であり、それは当初から向日神社の下社だったということなのだ。

乙訓の土着勢力と結ばれた賀茂氏

このように、向日神社を中心とする乙訓地域には賀茂系の神々の姿が見え隠れする。ならば、この地にもヤタガラスは羽を休め、賀茂氏が住み着くことになったのだろうか。しかし管見のかぎりでは、賀茂氏の定住を示す伝説・史料はない。向日神社の社家である六人部氏は火雷神社（下社）の社司も担ったが、彼らは天火明命（あまのほのあかりのみこと）を祖神としており、賀茂神との系譜的なつながりは見出せない。

向日神社の北隣には大型前方後方墳の元稲荷（もといなり）古墳がある。墳丘の全長は94メートルで、築造は古墳時代前期の3世紀後半頃とみられている。被葬者は乙訓のクニに君臨した豪族なのだろう。

賀茂別雷神の父神である火雷命が乙訓の社に祀られたという『風土記』の伝承は、鴨川沿いに移動を続けた賀茂氏が乙訓の土着勢力とも姻戚関係を結んだり交流したりしながら、山城の地に根を張っていったことを寓意しているのではないだろうか。

元稲荷古墳　向日神社の北側に位置する

もっとも、見晴らしのよい向日神社の境内から南を望み、奈良方面から流れて来る滔々とした木津川を眺めやると、筆者はこんな光景を夢想してしまう。

大和を飛び発って木津川沿いに北へと空を翔けてきたヤタガラスは、日当たりのよい向日山に眼をとめると、羽の向きを変えて……。

延暦3年（784）、ヤタガラスの軌跡をたどるかのようにして、向日山を中心とした区域に奈良から都が遷された。わずか10年ほどの短命に終わった長岡京である。

賀茂信仰の本源

賀茂別雷神社（上賀茂神社）

——深夜の秘儀が明かす神話の核心

京都市北区
上賀茂本山

上賀茂神社の草創を記した『賀茂旧記』

ようやく上賀茂神社を解説するところまでたどりついた。

上賀茂神社は、正式な社名を賀茂別雷神社と言うことからもわかるように、賀茂別雷神を主祭神とし、洛北を流れる賀茂川の東岸、上賀茂の地に鎮座する。

ただし、意外なことに、本章で参照してきた『山城国風土記』逸文の賀茂社条は、上賀茂神社の起こりについて、はっきりとは述べていない。祭神賀茂別雷神の消息に関しては、祖父の賀茂建角身命が催した宴の折に、父神火雷命に会うべく屋根を突き破って天に昇ったところで終わっていて、その後の展開は書かれておらず、彼を祀る神社に関する言及もない。

宴が開かれた場所は、文脈からすれば、「久我国（くがのくに）の北の山」の麓の賀茂川のほとり、

上賀茂神社・大鳥居　令和2年に新しい大鳥居が建立された

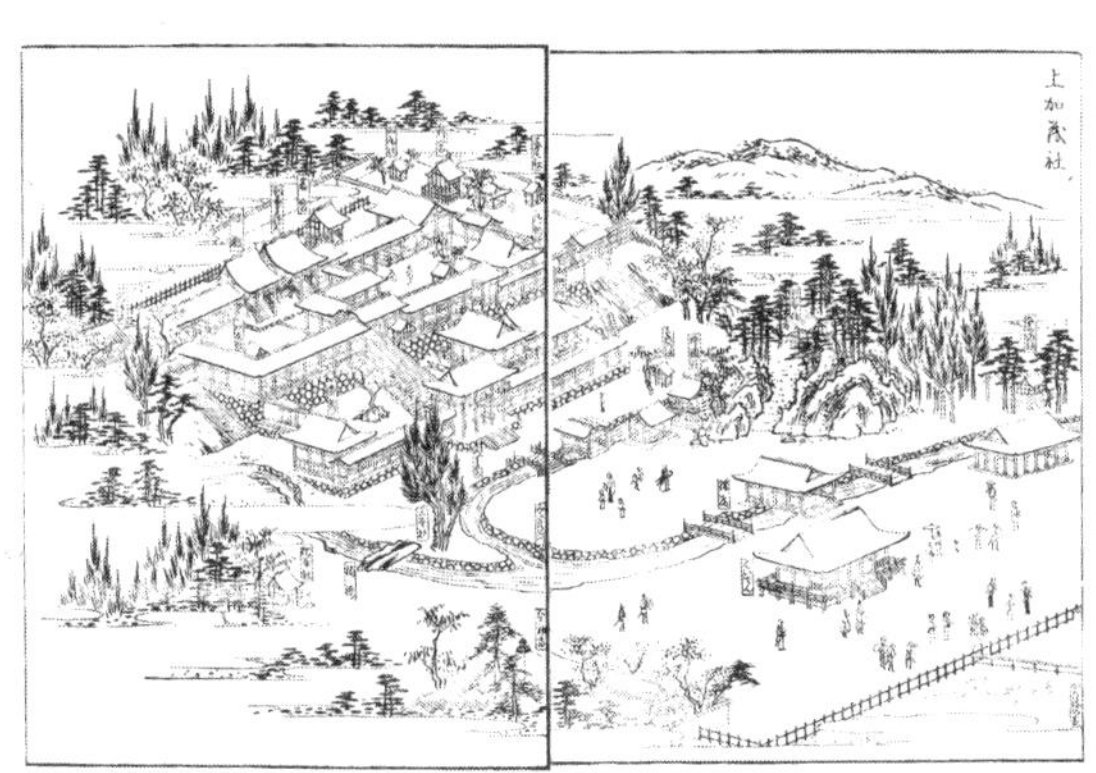

上賀茂神社の様子（江戸後期）　『都名所図会』より（国立国会図書館）

つまり神山の南麓であり、現在の上賀茂神社の境内地にあたるところである。したがって、『山城国風土記』逸文の記述だけにもとづくならば、賀茂別雷神は上賀茂の地から飛び去ってしまったのであり、戻って来ることはなかった。ということは、上賀茂神社は賀茂別雷神を追慕するためのよすがとして、後年に賀茂一族によって創祀されたのだろうか。そのことについて記した古文献はないのだろうか。

じつは、このあたりのことは『山城国風土記』とは別の古文献に記されていて、それは断片的な記述ではあるものの、上賀茂神社に関する最古の縁起書とも言える内容になっている。

その古文献は一般に『賀茂旧記』と通称されるもので、鎌倉時代初期成立の儀式書『年中行事秘抄』の賀茂祭の項に「(賀茂神社の)旧記に云く」と前置きされて引用されている。おそらく、上賀茂神社に古くから伝わるも散逸してしまった古縁起書からの抄出なのだろう。

賀茂別雷神の再臨を願った賀茂神たち

『賀茂旧記』の前半は、賀茂建角身命の娘玉依日売が矢を化身とする神（火雷命）の子（賀茂別雷神）を生み、やがてこの子が父と会うために天に上るという話で、『山城国風土記』逸文・賀茂社条と重複している。おそらく『山城国風土記』を下敷きとして書かれたもので、その点からすれば、『賀茂旧記』とは、時代を明確にすることは難しいものの、『山城国風土記』成立後に書かれたものとみるべきだろう。

　肝心なのはこの後につづく記述だ。重要なところなので原文（訓み下し文）を引用してみる。

賀茂神系図

賀茂建角身命 ＝ 可古夜日女
- 玉依日子
- 玉依日売 ＝ 火雷命
  - 賀茂別雷神

『山城国風土記』逸文をもとに作成

「時に御祖神等、恋ひ慕ひ哀れ思ふ。夜の夢に天神の御子云く、『各将に吾に逢はむとするに、天羽①衣・天羽裳を造り、火を炬き、鉾を擎げて之を待て。又、走馬を餝り、奥山の賢木を取り、阿礼を立て、種々の綵色を悉せ。又、

賀茂祭の様子（江戸後期）『都名所図会』より（国立国会図書館）

葵・楓の蘰を造り、厳に飾りて之を待て。吾、将に来たらむ』と。御祖神、即ち夢の教に随ふ。彼の神の祭に走馬幷に葵蘰・楓蘰を用ゐしむること、此の縁なり。②之に因りて山本に坐す天神の御子を、別雷神と称ふ」

「御祖神等」は賀茂建角身命と玉依日売のことで、「天神の御子」は火雷命を父とする賀茂別雷神のことだ。傍線部①は神事儀礼に関する具体的な指示で、ここには後述する御阿礼神事の様子が投影されている。後続文の「彼の神の祭」は賀茂別雷神を祀る賀茂祭のことで、下鴨・上賀茂両社の例祭である。御阿礼神事はその前儀に位置づけられる。傍線部②の「山本」は「神山（上賀茂神社の神体山）の麓」という意味で、上賀茂神社の境内地、あるいはまだ社殿をもたない原初的な上賀茂神社のことが示唆されている。

全体を要約するなら、こうなろう。

「賀茂建角身命たちが昇天した賀茂別雷神を恋い慕っていると、夢に賀茂別雷神が現われ、『神事の準備を整えて待て。そうすれば再び現れよう』と約し、賀茂建角身命らはこの夢告の通りにした。賀茂祭のいわれはここにある。このことによって神山の麓（上賀茂神社）に祀られた神が賀茂別雷神なのだ」

つまり、賀茂建角身命たちが賀茂別雷神の来臨を願って行った特別な祭りが賀茂祭のルーツであり、賀茂別雷神を祀る上賀茂神社のルーツでもある、と説かれているのだ。

こうした『賀茂旧記』の記述からは、賀茂祭が上賀茂神社の起源に深く関わっていることが推察される。そこで、次は賀茂祭について解説してみたい。

大きくは3つに分かれる賀茂祭の構成

賀茂祭は現在は毎年5月15日に行われているが、古制では4月の中酉日（なかのとりのひ）（4月に酉日が2つしかない年は下酉日）に行われた。別名を葵祭（あおいまつり）と言うが、これは葵と桂の葉を組み合わせた鬘（かずら）（頭や冠にさす飾り）、もしくは葵だけでつくられた鬘が祭具に用

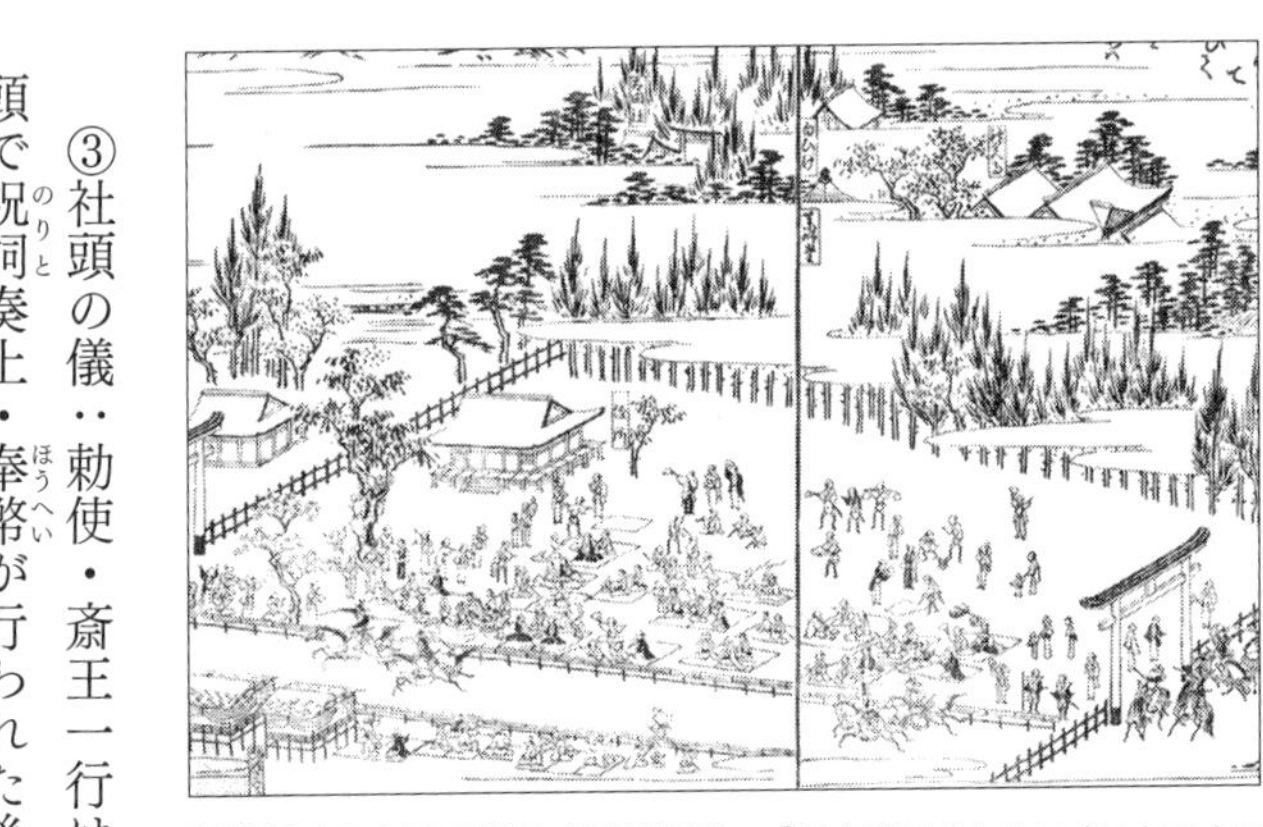

賀茂祭での走馬の様子（江戸後期）『都名所図会』より（国立国会図書館）

いられたためだ。先に示したように、前掲の『賀茂旧記』にもとづけば、このことを定めたのは賀茂別雷神であった。

平安時代における中酉日の賀茂祭は、大きくは次の3つの儀式から構成されていた（三宅和朗『古代の神社と祭り』による）。

①宮中の儀：天皇が紫宸殿または清涼殿で、賀茂社に派遣される勅使の奏上を受け、勅使らが乗る飾り馬を見る。

②路頭の儀：宮中を発した勅使一行が、斎王（内親王や女王が務めた賀茂社に仕える最高位の巫女。斎院ともいう）の行列と一条大路で合流し、下鴨神社・上賀茂神社に向かう。

③社頭の儀：勅使・斎王一行は下鴨神社・上賀茂神社の順に参拝し、それぞれの社頭で祝詞奏上・奉幣が行われた後、歌舞や走馬が催される。走馬とは神事として行わ

れる競馬のことであり、駿馬は神の乗り物であった。

また、この本祭に先立つ重要な前儀として、斎王が賀茂川の河原で禊を行う「御禊神事」があった。行われたのは本祭の2、3日前だが、このときの斎王の行列は非常に華やかなもので、平安貴族たちは一条大路に桟敷をもうけて見物した。『源氏物語』の「葵」帖がそのにぎわいの様を巧みに描いていることはよく知られている。

これらの諸儀は、簡略化されたり規模が縮小されたりしてはいるが、現在の賀茂祭でも執り行われていて、賀茂神社の古い由緒を伝えている。

賀茂祭で最も重要な祭祀、御阿礼神事とは

賀茂祭には重要な前儀がもうひとつある。それが御阿礼神事で、賀茂祭において一番重要な神事とも言われているのだが、一般には非公開の秘儀となっている。中世には賀茂祭当日（4月中酉日）の3日前（午日）に行われ、現在では5月12日に行われている。

秘儀であるので古代の祭式は明らかではないが、上賀茂神社の宮司を務めた座田司氏氏の論文「御阿礼神事」（1960年3月発行の『神道史研究』8巻2号に所収）に現

上賀茂神社・切芝　一の鳥居付近から約200メートル伸びる

行の神事が解説されているので、その概略を記してみる。

まず神事に先立って、上賀茂神社本殿の北西約1キロのところにある丸山という森の中に「御阿礼所」と呼ばれる斎場が舗設される。その中心は、榊や松などの樹枝を何本も立て並べて作られた神籬である。

祭り当日午後8時、神職たちが御阿礼所で奉幣や神饌の儀などを行ったのち、灯火の消された暗闇のなか、祭員5人（矢刀禰と呼ばれる）が神籬に立てられていた「阿礼木」と呼ばれる榊を1本ずつ手にして、神籬前の2基の立砂を3周する。これによって阿礼木に神霊を憑かせるのだ。その後、阿礼木は祭員に捧げられて上賀茂神社境内に神幸し、最終的に末社棚尾神社（本殿への入り口にあたる中門の脇）の神前と切芝

（一の鳥居と二の鳥居を結ぶ参道の左右に広がる馬場）にもうけられた遙拝所に立てられる。この後、本殿の扉が開かれて葵・桂が献じられ、祝詞が奏上される。

この神事次第は、戦国時代の中断をへて江戸時代の元禄（げんろく）7年（1694）に再興されたときの形がベースになっているという。したがって、古代にもこの通りに行われていたとはかぎらない。しかし、「神霊降臨を請う→依り代（よりしろ）に神霊を遷す→神幸」という流れは古今の神まつりに普遍的なものであり、御阿礼神事の古制がここから大きく外れていたとは考えにくい。それに、阿礼木を中心とした神まつりの姿は、「賢木を取り、阿礼を立て……」という神迎えをめぐる『賀茂旧記』の記述とも重なり、神事の古態をしのばせる。ちなみに、ミアレ（御阿礼）のアレは「生（あ）れ」の意で、神の誕生・顕現を本義とする古語と解する説が有力である。

御阿礼神事の祭式に対しては種々の見解がみられるが、『賀茂旧記』と照らし合わせるならば、神事の基本的な趣旨を「御阿礼所に降臨した賀茂別雷神の神霊を上賀茂神社に迎える」と解することができよう。すなわち、この厳粛な深夜の秘儀は、『賀茂旧記』に記録されている、賀茂別雷神と再会するために賀茂建角身命たちが行った神まつりの再演であった。

5世紀までルーツをさかのぼりうる賀茂神社の秘祭

賀茂祭を構成する諸儀のうち、勅使や斎王が関与する宮中の儀～社頭の儀は明らかに平安遷都以後に成立したものであり、それ以前は御阿礼神事が名実ともに賀茂祭の中心になっていたはずだ。

では、御阿礼神事＝賀茂祭の起源はどこまでさかのぼることができるのだろうか。手掛かりとなるのは10世紀前半成立の年中行事書『本朝月令』で、同書「四月中酉賀茂祭事」項所引の『秦氏本系帳』逸文には次のようなことが書かれている。

「欽明天皇の時代、天下の風雨がひどかったので、卜部に占わせてみると、賀茂神の祟りとわかった。そこで4月の吉日に馬を走らせる祭りを行い、よく祈った。これによって五穀はよく実り、天下は豊かになった」

この記事（『山城国風土記』逸文とみる説もある）をもって、賀茂祭のはじまりを欽明天皇（在位531?～571年）の時代、つまり6世紀なかばとする見方もある。しかし文脈からすれば、この記事は賀茂祭における乗馬（走馬）の神事の起源を語るものであって、必ずしも賀茂祭そのものの起源について語っているわけではない。そもそも、賀茂祭の中核である御阿礼神事への言及がない。

あくまで筆者の推測だが、6世紀には賀茂祭で副次的な神事として走馬が行われていたとするなら、賀茂祭の中核としての御阿礼神事は5世紀にはすでに行われていたのではないだろうか。そしてここで仮に御阿礼神事のはじまりを5世紀に置くなら、上賀茂神社の起源もその頃と考えることができるのではないだろうか。

原初の賀茂祭は、上賀茂の地に定住した賀茂一族たちが中心となって行われた、氏神祭であった。当時の上賀茂神社にはまだ常設の社殿はなく、祭時に、まさに御阿礼所のように神籬が設けられる程度であっただろう。

6世紀に入るとこれに走馬の儀が加わり、五穀豊穣のための祭りということで賀茂氏以外の人びとも集うようになっていった。7世紀末から8世紀にかけては、騎射が行われて観衆の呼び物になっていたらしいことが史料からわかっている。流鏑馬（やぶさめ）のようなことが行われていたのだろう。

そして、これが土台となって、平安時代に勅祭としての賀茂祭が成立するのだ。

原初の御阿礼神事は山頂で行われた

現在の御阿礼神事は、上賀茂神社北方の丸山を斎場としているが、初期には、そこからさらに北に行ったところにそびえる神山（こうやま）を斎場としていたのではないかとも言われている。

神山は上賀茂神社の神体山であり、一般の人間が立ち入ることができない禁足地となっているが、山頂近くには賀茂別雷神の降臨地と伝えられる巨岩があるという。つまり磐座（いわくら）である。「初期の御阿礼神事は、この巨岩を賀茂神がミアレした磐座とみなして行われていたのではないか」というのもよく言われることだ。そうなると、神山の磐座こそが上賀茂神社の本源であるとも言えよう。

上賀茂神社の細殿（ほそどの）前の1対の立砂は円錐形の神山を表していると言われるが、もしそうであるならば、丸山の御阿礼所前にもうけられた立砂も神山をかたどったものであり、御阿礼神事では、賀茂神が神山に降臨する様が再現されているとも言えよう。

『山城国風土記』逸文によれば、賀茂別雷神の父神である火雷命は丹塗矢の姿をとって、賀茂川の川上から流れてきたという。ということは、火雷命はまず天から神山に

神山 上賀茂神社の北北西2キロの地にある標高301.5メートルの山

降臨し、そこから矢を川に下したのかもしれない。すなわち、神山は火雷命降臨の地でもあった。

上賀茂の地を含む京都盆地の北部は雷が多発するところと言われる。雷は雨をもたらし、五穀を実らせる。上賀茂の地にそんな雷の神格化が賀茂一族によって祀られたことには、流浪を続けてきた彼らがこの肥沃な土地一帯に定住し、農耕民となった歴史が語られているのだろう。

神まつりの浄域

賀茂御祖神社（下鴨神社）

――原生林にいつから鎮まっていたのか

京都市左京区
下鴨泉川町

糺の森に覆われた広大な境内

京都の賀茂神社は上賀茂神社と下鴨神社の2つから成るが、古い時代には上賀茂神社、すなわち賀茂別雷神社しか存在しなかった。言い換えれば、かつては上も下もなく、ひとつの賀茂神社しかなかった。ところが、のちにこの賀茂神社（賀茂別雷神社）から分立されるかたちで下鴨神社、すなわち賀茂御祖神社が誕生した――。

このような見方が、現在では通説的な地位を占めつつある。

ならば、いつ、なぜ分立されたのか。

この問題を探る前に、まずは下鴨神社の祭神と鎮座地を確認しておきたい。

祭神は賀茂別雷神の母神である玉依媛命（玉依日売）と、この女神の父神である賀茂建角身命。下鴨神社の正称を賀茂御祖神社と言うのは、上賀茂神社に祀られている賀茂別雷神の祖（母と祖父）が祀られているからだ。

下鴨神社・楼門　朱塗りの鮮やかな景観で知られる

鎮座地は京都盆地北東部の下鴨で、北東から流れて来る高野川と北西から流れて来る賀茂川が合流する地点の北側である。合流地点から下流は鴨川だ。賀茂川を基準に見るならば、上流のほとりに上賀茂神社が、下流のほとりに下鴨神社が鎮座しているということになる。やや余談になるが、2社を併記する場合、普通なら上→下の順で「上賀茂神社・下鴨神社」と書きたいところだが、賀茂神社の場合は、祭神の親→子の順で「下鴨神社・上賀茂神社」「下（げ）・上（じょう）賀茂社」などと書くのが通である。

広い境内は「糺（ただす）の森」と呼ばれる鬱蒼とした原生林に覆われている。ムクノキ、エノキ、ケヤキなどのニレ科の落葉広葉樹が中心で、森の下を4本の清らかな小川（泉川、瀬見の小川、御手洗川（みたらしがわ）、奈良の小川）が流れている。本社本殿は森を南北に貫く表参道を北に進んだ先にある。

境内地は、高野川と賀茂川の氾濫によって形成された豊かな土壌をもつ逆三角形状の州の中に位置している。現在では住宅地や車道に囲まれているが、往古には糺の森がつくる森厳な神域の東西は、高野川・賀茂川それぞれの岸辺にまで広がっていたはずだ。日本有数の古社として知られる奈良の大神（おおみわ）神社が、三輪山（みわやま）を背に、合流する巻向川（まきむくがわ）と初瀬川（はつせがわ）に囲まれた三角状のエリア内に鎮座していることを考えると、意味深な符合である。

タダスの名は、この三角州一帯を「只州」と呼んだことに由来すると一般には言われるが、森に湧く清水を形容する「直澄（ただす）」と解する説や、「正す」の意にとって神道的な教義に結びつける解釈もみられる。

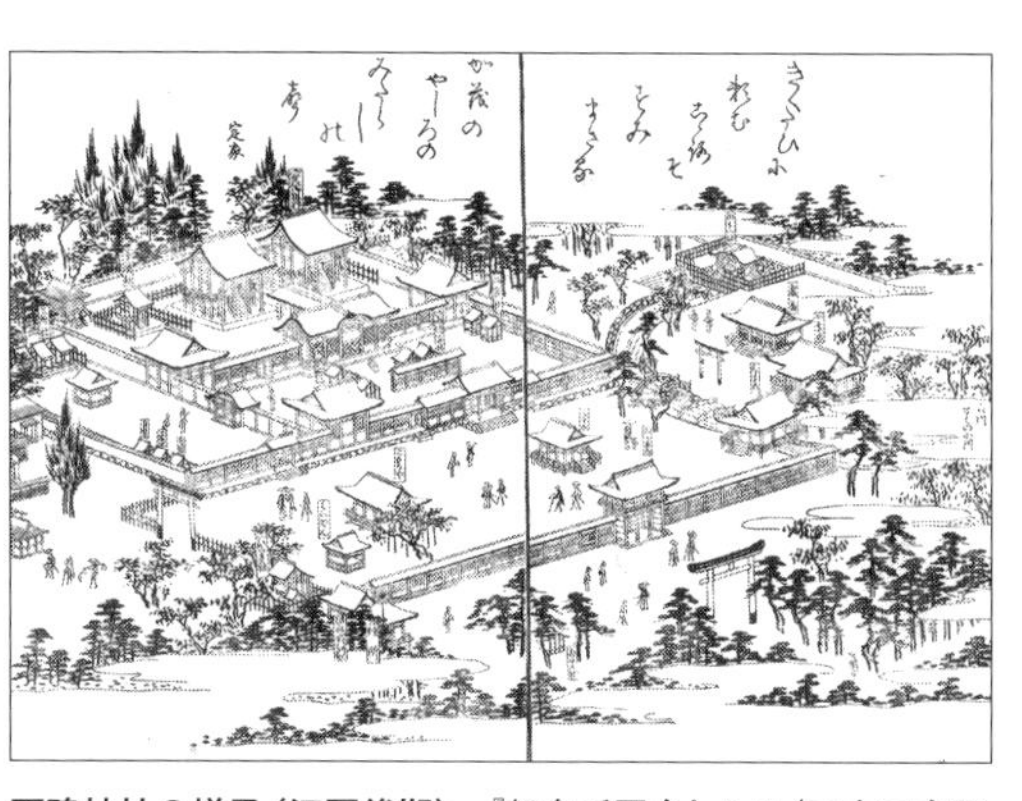

下鴨神社の様子（江戸後期）『都名所図会』より（国立国会図書館）

賀茂神社が2つに分かれた理由とは

社伝では崇神天皇の時代に神社の瑞垣が造営されたとし、下鴨神社の創祀はこれをさらにさかのぼることになっている。

しかし、下鴨神社の史料上の初出とされているのは『続日本後紀』承和15年（848）2月21日条で、そこには「賀茂御祖大社禰宜の下鴨県主広雄らが『去る天平勝宝2年（750）に御戸代田（神田）1町が奉充されましたが、これ以降、増えておりません。これでは足りませんので、賀茂別雷神社に準じて1町を加増してください』と訴えた」といったことが記されている。

これによれば、奈良時代なかばの天平勝宝2年（750）には下鴨神社の神田が存在し、財政的基盤を確立していたのだから、遅くともそれまでには下鴨神社が創祀されていたということになる。

一方、賀茂神社縁起である『山城国風土記』逸文の「賀茂社」条は、のちほど詳述するように、下鴨神社の前身とみられる神社に関しては言及がみられるのだが、「賀茂御祖神社」やこれに類する社名は出てこない。『山城国風土記』の正確な成立年は不明だが、元明天皇が諸国に『風土記』編纂を命じたのが和銅6年（713）である。そこで、『山城国風土記』の成立を大ざっぱに720年前後（奈良時代のはじめ）と仮定すると、その時点では下鴨神社はまだ存在していなかったことになる。

こうしたことを踏まえるならば、下鴨神社の成立を720〜750年頃とする仮説を立てることができよう。

そしてここからさらに考えを広げるならば、「奈良時代のはじめ頃までは賀茂神社といえばひとつしかなく、それは現在の上賀茂神社にあたるものだった。しかし、しばらくすると、高野川と賀茂川の合流地付近にあった摂社を独立させるようなかたちで下鴨神社が誕生した」という推測も成り立つ。

仮にこの見方が正しいとして、では、なぜ下鴨神社が分立されたのか。

歴史学者の井上光貞氏は、この謎に対して、『日本古代国家の研究』（1965年）の中である仮説を提示している。わかりやすくまとめるならば、およそ次のようになる。

「7世紀末から8世紀前半にかけて、賀茂神社では賀茂祭が群衆も参加して非常に盛大に行われるようになり、ときに乱闘が生じるほどだった。このことを危険視した朝廷側は、賀茂神社を弱体化させるべく2つに分けることとし、下鴨神社を新たに創祀させたのではないか」

たしかに、賀茂祭の度を超したにぎわいに朝廷が神経をとがらせていたらしいことは、賀茂祭の会集や騎射を禁止・制限する命令が1度ならず出されていた事実からもうかがえる（『続日本紀』文武天皇2年〔698〕3月21日条、大宝2年〔702〕4月3日条など）。

井上氏は下鴨神社の分立に伴って、賀茂神社の神官を務めてきた賀茂一族も分立したとしている。そして下鴨神社の社家鴨氏（鴨県主）の古系図を考証し、分立後、下鴨神社の最初の禰宜を務めたのは、系図上の始祖大伊乃伎命之子（賀茂建角身命の12世孫だという）の8世孫鴨主国だろうと推定している。主国は、古系図の注記によれ

糺の森　賀茂川と高野川に挟まれるように広がり、南北に細長い

ば天平（てんぴょう）年間（729〜749年）に禰宜になった人物である。

結局、下鴨神社の分立は、国家が統制に乗り出さざるを得ないほどに賀茂神社の神威が強力なものとして認識されていたことの裏返しだろう。朝廷は京都盆地で賀茂氏が強大化することを恐れた、という見方も可能である。

しかし、結果から言えば、賀茂神社の勢いがこうした措置によって抑えられることはなかった。しかも平安京ができると、都の古社である下・上賀茂社は皇室から篤い崇敬を受けるようになり、王城鎮護の神社として伊勢神宮に次ぐ存在となってゆく。

摂社三井神社は下鴨神社の前身か

ここまで、下鴨神社の成立を8世紀前半とする見方を解説してきた。

しかし、矛盾するようだが、視野を広げるならば、下鴨神社の歴史はこれよりももっとさかのぼり、そのルーツの古さは上賀茂神社に決して引けをとらない、と述べることもできる。

どういうことか、説明してみよう。

向日神社の項（90ページ）で紹介した『山城国風土記』逸文の賀茂社条は、火雷命が乙訓の神社に鎮座したことに触れたあと、こう続いている。

「可茂建角身命なり、丹波の伊加古夜日売なり、玉依日売なり、三柱の神は、蓼倉里の三井の社に坐す」

『山城国風土記』逸文の賀茂社条はここで終わっている。

長旅を終えた賀茂建角身命とその妻伊加古夜日売、2人の娘玉依日売は、最後は「蓼倉里の三井の社」に祀られたという。

「蓼倉里の三井の社」という神社はどこにあったのか。

三井神社　寛永６年（1629）の式年遷宮の際に造替された

どうやら、現在の下鴨神社の境内、もしくはその周辺にあったたらしい。

蓼倉は古地名で、古代における正確な場所はよくわかっていない。しかし、おおむね現在の下鴨神社の北方にあたるとみられ、現在も下鴨神社の北東の隣地に「下鴨蓼倉町」という地名が残っている。下鴨神社の現境内を含む広域の地名であった可能性もある。

次に「三井の社」だが、これは下鴨神社の摂社三井(みつい)神社のことと考えられている。現在は下鴨神社本社の西に鎮座し、賀茂建角身命・伊賀古夜日売命（伊加古夜日売）・玉依媛命（玉依日売）の3神を祀っている。『山城国風土記』逸文の三井社条（『釈日本紀』巻九「頭八咫烏(やたがらす)」所引）によれば、「三井」は元々は「三身(みみ)」と書かれ、この3柱のことをさすらしい。

なお、現下鴨神社境内の南端近くに「三井社（みついしゃ）」と呼ばれる小社があるが、こちらは下鴨神社摂社河合（かわい）神社の末社で、別名を三塚社とも言って、『風土記』に載る「三井の社」＝三井神社とは別個の神社である。

『山城国風土記』が賀茂建角身命らが鎮まった地とする「三井の社」＝三井神社（以下、三井神社）が、当初から現在地（下鴨神社本社の西）にあったのではなく、旧地はやや北方の地であり、そここそが蓼倉の里なのだと解することもできようが、大まかには、三井神社の本源地を下鴨神社の現境内地付近に求めることができよう。

そして、この三井神社の地に後年、下鴨神社が誕生したのだから、三井神社は下鴨神社の前身であり、元宮であるとも言える。

では次に、三井神社が創祀されたのはいつ頃だろうか。

前項「上賀茂神社」で、賀茂建角身命と玉依日売が賀茂別雷神を慕って上賀茂神社を創祀したとする『賀茂旧記』の説話を紹介したが、この説話を踏まえるならば、賀茂建角身命・玉依日売たちを祀る神社がつくられたのは、上賀茂神社を創祀した彼らが神去（かむさ）った後と考えるのが合理的だろう。だとすれば、三井神社は、上賀茂神社の成立からさほど歳月を隔てずに誕生したと考えてもよいのではないだろうか。それは当初は上賀茂神社の摂社のような位置づけだったのだろう。前項では上賀茂神社の成立を5世紀頃と考えてみたが、これに従うなら、三井神社の成立もおおむねその頃となろう。

往古、賀茂川沿いの地に定着した賀茂一族は、まず上流の地に農耕神である雷神を祀ったのち、次に彼らをこの地まで導いてきた偉大な先祖の霊を下流の地に祀ったのではないだろうか。当時の彼らの目には、川に挟まれた下鴨の深い森は、神まつりの場には理想的な浄域として映っていたことだろう。

下鴨神社の最古層が宿る御蔭神社

糺の森からは離れたところにある、下鴨神社のもうひとつの聖地についても触れておこう。

比叡山（ひえいざん）（四明岳（しめいだけ））の西麓に御蔭山（みかげやま）という標高150メートルほどの小山がある。北側の裾野には高野川が流れていて、下流方向に5キロほど川沿いに歩いてゆけば、下鴨神社に着く。

御蔭神社　現在の本殿と拝殿は江戸中期の再建

この御蔭山は、賀茂建角身命が降臨したところとも、また玉依日売が賀茂別雷神を生んだところとも伝えられていて、下鴨神社の神体山・神奈備山のような位置づけになっている。山名の由来については古くからいろいろと説があるようだが、古語としてのミカゲには神霊の意がある。

山の中腹には賀茂建角身命と玉依日売を祀る御蔭神社が鎮座していて、下鴨神社の境外摂社となっている（京都市左京区上高野東山）。ちょうど、京都盆地が尽きて川筋に狭隘な山峡が延びはじめるあたりである。

5月12日の日中、ここ御蔭神社で、賀茂祭における下鴨神社の神事として御蔭祭が行われる。本社から進行してきた神職ら一行が御蔭山に顕現した賀茂建角身命と

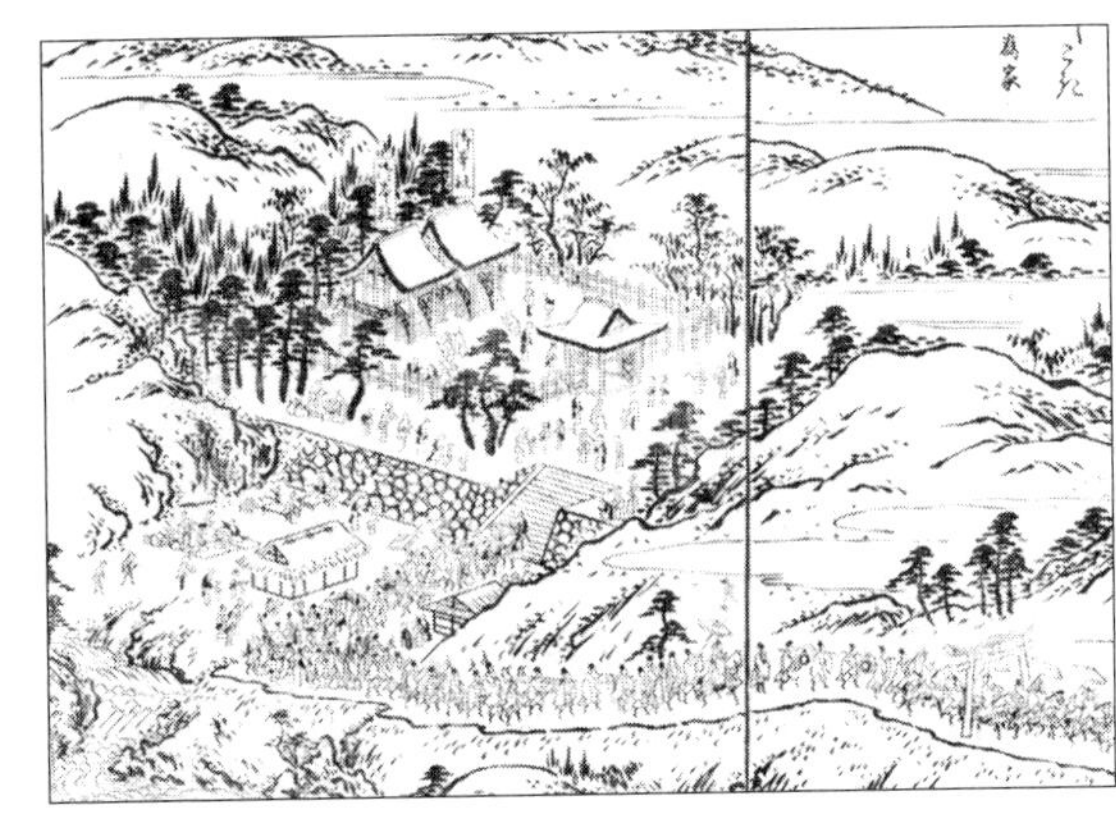

御蔭神社での御蔭祭の様子（江戸後期）『拾遺都名所図会』より（国立国会図書館）

玉依日売の荒魂を迎えて依り代（榊）に遷し、これを納めた櫃を奉戴して糺の森へ戻り、本社祭神の和魂を再生させるというもので、下鴨神社で最も重要な神事とされている。

山上にミアレ（＝顕現）した神を迎える祭りであり、また御蔭山が一名を御生山と言うことからか、明治までは「ミアレ神事」「ミアレ祭」などとも呼ばれていた。そのため、同日の夜に行われる上賀茂神社の御阿礼神事と混同されることもあるが、神事としては全く異なる。それに、上賀茂神社の御阿礼神事は非公開の秘儀だが、下鴨神社の御蔭祭は氏子なども参加でき、オープンな行事となっている。

御蔭神社の現社地は天保6年（1835）以降のもので、それ以前はやや西方の地にあったという。社地が移転したのは、高野川の氾濫や地震による山崩れで社殿が埋没してしまったためである。御蔭山もこの自然災害によってかなり地形が変わってしまったらしい。

現在の景観からは想像しにくいが、かつての御蔭山は、小規模ながらも川に囲まれた独立峰になっていたという。神霊のミアレにふさわしい地として聖域視されていたのだろう。熊野川のほとりに鎮座する紀伊の熊野本宮(ほんぐう)大社は、明治に大洪水の被害に遭うまでは大斎原(おおゆのはら)と呼ばれる中州を社地としたが、これに通じるものが感じられる。

御蔭祭が中世には行われていたことは史料からわかっているが、起源がいつかはよくわかっていない。しかしその神事には上賀茂神社の御阿礼神事にも通じる古態が留められている。しかも、御蔭山は賀茂建角身命の降臨地だという。

御蔭神社こそが下鴨神社、そして賀茂神社のオリジンであるのかもしれない。

［京都神社のツボ②］

風土記

——ローカルな伝説の宝庫

奈良時代の和銅(わどう)6年（713）5月2日、朝廷は、諸国の山川原野の名称の由来や古老が伝える旧聞異事を記録した書物の編纂を命じた。

つまり、国（旧国）ごとに地誌の作成を命じたわけで、これにもとづいて各国で編まれた地誌は、それぞれ『〇×国風土記(ふどき)』と呼ばれることになった。その総称が「風土記」（または「古風土記」）である。

それぞれの国の『風土記』は古代日本のローカル史料として大変貴重である。とくに土着の神話・伝説の宝庫となっていて、記紀には全く現れない神々も多く登場し、神社がらみの記述も多い。

もっとも、すべての国が官命に応じて『風土記』を編纂して朝廷に提出したかどうかはわかっていない。しかも、ほぼ全容がわかるかたちで現存するのは常陸国(ひたちのくに)・出雲国(いずものくに)・播磨国(はりまのくに)・豊後国(ぶんごのくに)・肥前国(ひぜんのくに)の『風土記』だけだ。

これら以外には、断片的な記述が後世の文献に引用されたことで残されていて、それぞれは「『〇×国風土記』逸文(いつぶん)」と呼ばれる。京都府系の『山城国(やましろのくに)風土記』や『丹後国(たんごのくに)風土記』などは逸文が伝わるのみである。ただし、逸文の中には、奈良時代編纂の『風土記』に本当に含まれていたのか疑われているテキストもあるので、注意が必要だ。

第3章

古都を育んだ渡来人の信仰

古都のパイオニアは海の向こうからやって来た

京都盆地の西部を南方へ流れて淀川に注ぐのが桂川である。この川は古代には葛野川を通称とした。京都盆地の西北部分は古くから葛野（カヅヌ、カヅノとも読まれた）と呼ばれたからだ。古代律令制下では「葛野郡」と呼ばれたエリアである。

葛野は非常に古くからある地名で、『日本書紀』に載る応神天皇の歌が文献上の初出になる。

「千葉の　葛野を見れば　百千足る　家庭も見ゆ　国の秀も見ゆ」（応神天皇6年2月条）

行幸した天皇が宇治のあたりから西北方を遠望して詠んだもので、川沿いに広がる肥沃な野に村里が点在する光景が浮かび上がる。

そんな葛野の地をさらに開拓し、本拠地としたのが渡来人の秦氏である。

渡来人とは、古代に朝鮮や中国から日本へ移住してきた人びととその子孫をさす。多くは朝鮮系で、当時においては先進的な学問・技術・文化を日本にもたらし、古代日本社会の政治や文化に大きな影響を与えた。その先駆にして代表格が秦氏である。

『日本書紀』によれば、秦氏の遠祖弓月君（ゆづきのきみ）は応神天皇の時代（4～5世紀頃）に百済（くだら）から日本に渡り、のちに彼に従う民も渡来したという。しかも、平安時代初期編纂の氏族系譜集『新撰姓氏録（しんせんしょうじろく）』によるならば、弓月王の先祖は、古代中国秦（しん）の始皇帝であるという。

葛野の開拓にあたって秦氏は渡来人持前の先進的な技術を駆使した。葛野川はしばしば氾濫を起こす暴れ川であったが、秦氏の古伝承を記す『秦氏本系帳（はたうじほんけいちょう）』によれば、彼らは団結して治水事業に取り組み、堰（せき）を築いた。この堰は「葛野大堰（かどのおおい）」と呼ばれ、その築造は5世紀代にさかのぼるのではないか、と言われている。この堰の存在から、葛野川には大堰（大井）川という別称も生じている。

秦氏は、治水にとどまらず、田畑を開き、村をつくって京都の土地をならしていった。平安京（へいあんきょう）の西側部分は、遷都以前はほぼ秦氏の土地だったと言っても過言ではない。大内裏（だいだいり）のあたりにはもとは秦氏の屋敷が建っていたという伝承もある。

京都に古くから住み着いた渡来人は秦氏だけではない。そして京都市街地には、そんな渡来人たちの足跡を示すかのように、彼らの信仰に由来する古社が分布している。平安京の古層をなす、渡来人たちが祀ってきた神社をたどってみよう。

王城鎮護の社
松尾大社
――秦氏が奉斎してきた山の神と水の女神

京都市西京区
嵐山宮町

『秦氏本系帳』に記された草創史

京都一の繁華街が広がる四条河原町界隈を東西に貫く四条通り。この大通りをひたすら西へ進み、最後に桂川を渡って行き着くのが、松尾山の東麓に鎮座する松尾大社だ。主祭神は大山咋神と市杵島姫命。一口に言えば、前者は山の神、後者は水の女神である。

本章冒頭でも説明したように、葛野川という古称をもつ桂川の流域一帯は山城国葛野郡に属し、平安遷都以前から有力渡来人の秦氏が住み着いていた。そのため、松尾大社は秦氏との結びつきが非常に強い。このことを端的に示すのが、『秦氏本系帳』

の記述だ。『秦氏本系帳』とは9世紀後半に朝廷に提出されたとみられる秦氏の系譜書で、完本は現存していないが、『本朝月令』（秦氏の末裔惟宗公方が10世紀に編纂

桂川　嵐山付近から望む

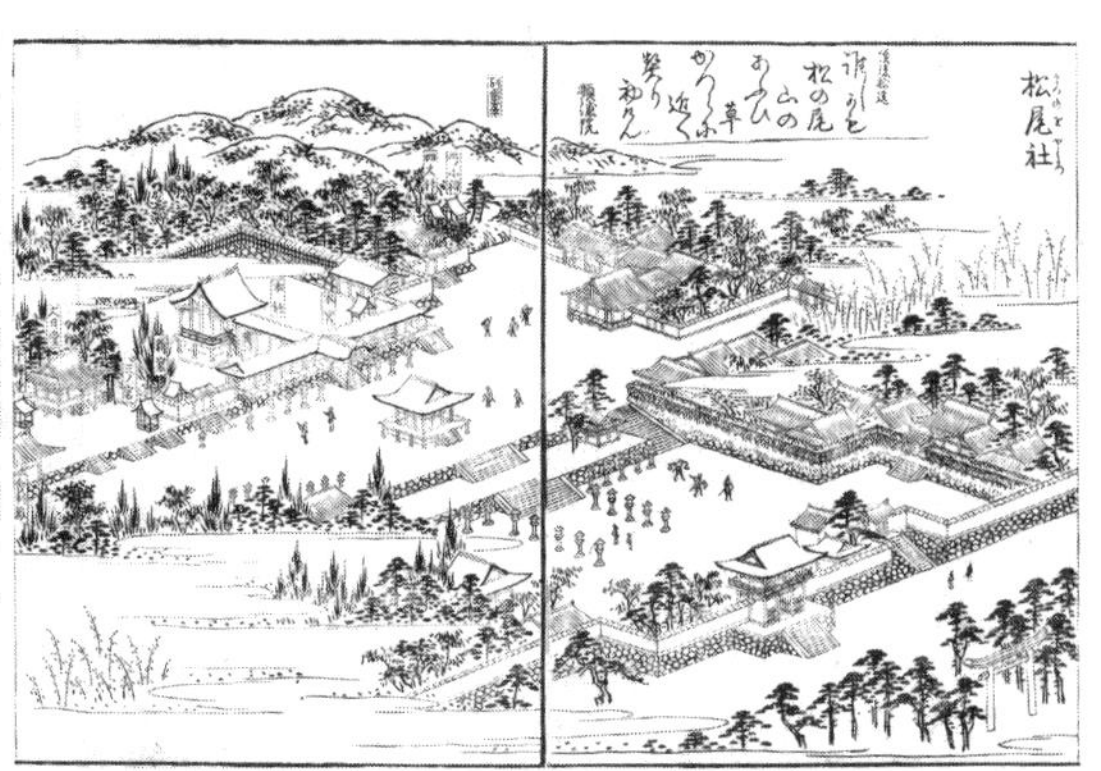

松尾大社の様子（江戸後期）　『都名所図会』より（国立国会図書館）

したと伝えられる年中行事書）と『政事要略』（惟宗允亮が著した11世紀初頭成立の法制書）にその一部が引用されている。この逸文の中に、次のような記述がある。

「松尾大神の御社は、筑紫の胸形に坐す中部大神、戊辰年三月三日に、天下りたまひ松埼日尾に坐しましき。〔又、日埼岑と云ふ。〕大宝元年に、川辺腹男・秦忌寸都理、日埼岑より更に松尾に請け奉りき」（〔　〕内は原注）

松尾山　渡月橋近くにある山で、標高223メートル

意味のとりにくい文章だが、キーとなる言葉を解説してみると、まず「筑紫の胸形に坐す中部大神」とは、九州の宗像大社に祀られている3女神のうちの1柱、市杵島姫命のことをさしているとされる。すなわち、松尾大社の主祭神の1柱である。

「戊辰年」が西暦何年にあたるかは明確にしがたいが、後文の「大宝元年」が701年であることから推して仮に7世紀のこととすると、668年か608年となる。

「松埼日尾」「日埼岑」は、松尾山の山頂近くにある巨大な岩石、つまり磐座のことではないかと言われている。その磐座は社殿建立以前から祭祀が行われていたとみられる神聖な霊地で、松尾大社の本源とも言える場所だ。なお、以前は、松尾大社本殿裏手にある「霊亀の滝」から、松尾山の水源として神聖視される泉「水元さん」をへて磐座まで、谷筋に続く登拝道があったが、平成30年（2018）の台風被害で道が崩壊してしまい、残念ながら現在は通行禁止となっている。

「大宝元年」は西暦701年で、文武天皇の時代（飛鳥時代）である。

「川辺腹男・秦忌寸都理」は、川辺腹男と秦忌寸都理という2名の人物のことと解することもできるが、葛野郡には「川辺」という郷があったので、「川辺郷の秦氏の腹（血筋、支族）から生まれた秦都理」と解する説を採りたい（「忌寸」は姓）。

磐座祭祀を源泉として8世紀はじめに確立か

全体としては、意訳するとこうなるだろうか。

「松尾大社のことだが、市杵島姫命が戊辰年3月3日に松尾山の磐座に天下りし、そ

松尾大社　境内は神体山の松尾山の麓に位置する

の後、大宝元年に秦都理が神を山の麓の松尾に勧請(かんじょう)した」

ここで疑問なのは、この松尾大社の古縁起には、市杵島姫命は出てきても、もうひとつの祭神である大山咋神が全く登場していないことである。

大山咋神は地主神(じぬしがみ)・山の神として往古から松尾山に坐していたからだという説がある。だとすれば、「戊辰年」に市杵島姫命が降臨したというのは、松尾山の神である大山咋神が九州で海の神・航海の神として信仰される女神を妻として迎え、葛野川の治水の守護神としたことを言い表しているのかもしれない。

大宝元年に秦都理が神を松尾に勧請したというくだりは、松尾大社の現社地にはじめて神殿が建立されたことを語っているとみるのが通説となっている。平安後期に成立した辞書『伊呂波字類抄』や有職故実書『江家次第』に、「大宝元年に秦都理がはじめて神殿を建立した」という記述がみえるからだ。

なお、比較的近年のことだが、現本殿の裏山にも磐座が存在していたことが明らかになった。平成26年に本殿の屋根を保護するために裏山の樹木を伐採し、覆い土を取り除いたところ、その下から、本殿の大きさをはるかにしのぐ巨大な岩盤が現れたからだ。これは山上の磐座に対する山下の磐座であり、大宝元年の勧請とは神霊が山上の磐座から山下の磐座に降ろされたことを意味するのではないかとも考えられている。そして、この山下の磐座の正面が神殿（本殿）の建設地に選ばれたのだろう。

ここで、推測もまじえて松尾大社の草創をまとめてみよう。

「往古、松尾山上の磐座には大山咋神が祀られていたが、7世紀には市杵島姫命も併せて祀られるようになった。大宝元年にはその麓に秦氏によって神殿が建立され、社殿をもつ神社としての松尾大社の歴史がはじまった」

『秦氏本系帳』によれば、8世紀以降、松尾大社の祝（神職）は秦氏の子孫によって受け継がれていったという。事実、明治維新までは、松尾大社の社家は秦氏系の一族（東家・南家）が務めている。松尾大社は秦氏によって奉斎されてきた古社なのだ。

原初の松尾山上の磐座祭祀は、秦氏移住以前から、葛野の住人によって行われていたのかもしれない。そこへ移住してきた秦氏は、松尾の神を土地の守護神として崇め、やがて社殿を建てて手厚く奉斎するようになったのではないだろうか。

日吉大社　山上にある巨大な磐座を祀るなど松尾大社との共通点が見られる

日吉大社とのつながりを示す『古事記』の記述

じつは松尾大社は、8世紀初めまでに成立した『古事記』にも言及されている。

オオクニヌシの国作りの場面に続く、スサノオの御子神大年神（おおとしのかみ）の子孫が列記される箇所に、次のような記述があるのだ。

「（大年神と天知迦流美豆比売（あめちかるみずひめ）のあいだに生まれたのは）大山咋神。亦の名は山末之大主神（やますゑのおほぬしのかみ）。この神は近淡海国（ちかつあふみのくに）の日枝山（ひえのやま）に坐（ま）し、また葛野（かづの）の松尾に坐す、鳴鏑（なりかぶら）を用（も）つ神ぞ」

スサノオの孫にあたる大山咋神は近江の日枝

山つまり比叡山に祀られ、また葛野の松尾にも祀られていて、鳴鏑（鏑矢）を持っているというのである。

この所伝を証するように、確かに、比叡山の東麓に鎮座する日吉大社の東本宮は大山咋神を主祭神としている。そして日吉大社の神紋は松尾大社と同じく双葉葵である。また、松尾大社の社宝に、日本の神像としては最古級に属する平安時代前期作の貴重な三神像（男神像2軀、女神像1軀）があるが、これらは、日吉大社（日吉明神）を篤く崇敬した天台僧円珍（814～891年）が日吉社と同じ祭神を祀る松尾大社のために造立したとみる説がある（松尾大社発行の図録『松尾大社の神影』）。

日吉と松尾は、深いつながりをもちながら発展してきたのだろう。

松尾大社と賀茂神社の深いつながりを語る古伝承

松尾大社はまた、賀茂神社とも深いつながりをもっているという。

そのことを伝えようとするのは、『本朝月令』「四月中酉賀茂祭事」所引の『秦氏本系帳』逸文である。ただし奇妙なことに、そのテキストの前半は、第2章で紹介した賀茂神社の縁起譚である『山城国風土記』逸文の賀茂社条と内容がほぼ同じである。それは、「日向に天降った賀茂建角身命が大和の葛城山、山城国の岡田賀茂をへて賀茂川をさかのぼり、久我国の北の山の麓に住み着いた……」「賀茂建角身命の娘玉依日売が川遊びをしていると、丹塗矢が川上から流れてきた。それを拾って持ち帰ると身籠った……」といった、よく知られた説話である（70、90ページ参照）。

ところが『秦氏本系帳』は、この賀茂神社縁起を記した後に、「又云はく」として、これとは似て非なる、別バージョンの縁起を記している。

それを見ると、川上から流れてきた矢と交わって賀茂別雷神を生むのは、玉依日売ではなく「秦氏女子」で、しかも話の舞台は賀茂川ではなく葛野川となっている。さらに、賀茂別雷神の父親にあたる例の矢は、火雷神ではなく、松尾大明神の化身となっている。矢を化身とする松尾大明神は、『古事記』が大山咋神は鏑矢を持つ神であると明記していることからすれば、松尾大社の大山咋神のことと考えてよいだろう。

つまり、賀茂神社の主祭神である賀茂別雷神は、松尾大社の大山咋神の御子神だというのである。これに加えて、『秦氏本系帳』は、「秦氏が下鴨・上賀茂両社と松尾大社を祀ったが、賀茂氏が秦氏に婿入りしたので、秦氏は婿の賀茂氏に賀茂祭を譲り与えた」ということまで記している。

この『秦氏本系帳』が記す賀茂神社縁起の異伝にもとづくならば、賀茂別雷神とは松尾大社の大山咋神と秦氏の娘のあいだに生まれた神であり、賀茂神を祀る賀茂神社は本来は秦氏が奉斎していたということになる。

しかし、この内容は、まるで賀茂氏が伝える賀茂神社縁起を秦氏が自家を権威づけるために書き換えたもののようにも映る。江戸時代後期の国学者伴信友も、この秦氏独自の賀茂伝説については、秦氏が賀茂別雷神の後裔を称するために本来の賀茂神社縁起に潤色を施して偽作したものだろうと指摘している（『瀬見小川』）。

松尾社を奉斎する秦氏が、同じ北山城にある賀茂神社と早くから関係をもっていたのは事実だろう。賀茂氏とのあいだに姻戚関係が結ばれていたのかもしれない。しかし、秦氏独自の賀茂伝説については、『古事記』では大山咋神が矢と関連づけられていることをヒントとして、〝矢〟を父親とする賀茂別雷神と賀茂神社創建の古伝承を、我田引水流に書き換えたものとみた方がわかりやすいのではないか。

長岡京造営、平安遷都と歴史が進んで行くと、松尾大社と賀茂神社はともに王城鎮護の社として国家的な崇敬を受けるようになり、松尾は「西の猛霊」、賀茂は「東の厳神」と並び称されて、京都を代表する神社へと発展していった。

稲荷信仰の本源
伏見稲荷大社
——渡来人の穀霊信仰と土着民の山神信仰の融合

京都市伏見区
深草藪之内

稲荷山の三峰が元宮

赤い鳥居と狐像がトレードマークの稲荷神社は、日本全国にくまなく鎮座する。その数は小祠や邸内社をも含めると数万にのぼるとも言われるが、これら「お稲荷さん」の総本社が、京都の伏見に鎮座する伏見稲荷大社（以下、伏見社）だ。

伏見社の祭神名は、歴史的にみると諸説があってはっきりしない面があるのだが、現在の祭神は、下社（本殿の中央座）が宇迦之御魂大神、中社（北座）が佐田彦大神、上社（南座）が大宮能売大神となっている。下社・中社・上社というのは本殿の背後にそびえる神奈備である稲荷山の三ノ峰・二ノ峰・一ノ峰に対応していて、言わばこれらの峰が元宮、麓の本殿が里宮である。標高の順で言えば一ノ峰＝上社が筆頭に来るべきなのだが、逆になっているのは、三ノ峰＝下社、二ノ峰＝中社、一ノ峰＝上社の順で祀られたからだという（『十五箇條口授伝之和解』）。

伏見稲荷大社　全国に3万社あるといわれる稲荷神社の総本社

さらに本殿には、古くから下社摂社の田中大神（たなかのおおかみ）と中社摂社の四大神（しのおおかみ）が合祀されており、そのため現在の伏見社では、この2神に先の3神を加えたものを稲荷五社または稲荷大神と総称している。

これらの祭神は、記紀神話に登場する食物（穀霊）の神である宇迦之御魂神以外はあまりプロフィールがはっきりしない。摂社の2神はとくに不詳である。しかし『延喜式（えんぎしき）』「神名帳（じんみょうちょう）」は伏見社の祭神を3座としており、かなり古くから伏見社が3座で、「お山」とも呼ばれる稲荷山の3峰が神社の起源にかかわる重要な神蹟であったことは間違いない。

秦氏が登場する『山城国風土記』逸文の創祀縁起

伏見社の創祀にも、やはり渡来系氏族の秦氏が関わっていた。そのことを記すのは『山城国風土記』逸文の伊奈利社条である。

この条は『延喜式神名帳頭註』（1503年）に「風土記に云ふ」という形で引用されているテキストが根本史料となっている。内容は比較的よく知られているものだが、しかし、テキストの校訂をめぐっては議論があり、文意が不分明な箇所もあり、またのちほど記すように、奈良時代編纂の言わゆる「古風土記」の逸文ではないとする説が有力となっているなど、とかく問題が多い。

ともあれ、ここではひとまず一般的な解釈にしたがって、その内容を4つに分けて要約してみることにする。

「①秦中家らの遠祖、秦伊侶具は穀物を積んで富み栄えていたが、②あるとき餅を弓の的にして遊んだところ、餅が白鳥となって飛翔し、③山の峰に降りて稲が生じたので、社の名（イナリ）とした。④その子孫が先祖のあやまちを悔い、社の木を根ごと抜いて家に植え、祈り祀った」

伏見稲荷大社の様子（江戸後期）　右上に3峰から成る稲荷山が見える。『都名所図会』より（国立国会図書館）

次に①～④それぞれを簡単に解説してみよう。

①：「秦中家」は、伏見社に伝わる系図（『稲荷社神主家大西氏系図』）によると、嘉祥3年（850）に同社禰宜に補された人物である。もしこれが正しければ、この逸文自体は同年以降に書かれたものであり、奈良時代編纂の古風土記の逸文ではありえないということになる。次に、中家の遠祖だという「秦伊侶具」だが、名前は正しくは「伊侶巨」で、訓みはイロコだとする説がある。前掲系図によれば、中家の8代前の人物で、和銅4年（711）に稲荷明神が鎮座したとき、

すなわち伏見社が創祀されたときに禰宜となり、天平神護元年（765）に没したという（伏見社創祀年代の問題については後述する）。彼は「穀物を積んで富み栄えていた」というので、元来は稲作を営む富農であったと想定することができよう。

②：「的になった餅が白鳥に変じて飛び去った」という説話は、『豊後国風土記』速見郡田野条などにもみえる。餅から変じた白鳥は稲や穀物の精霊の化身であり、こうした説話は穀霊信仰の反映と言われている。

③：餅から変じた白鳥が降り立った山とは、現在の稲荷山のことだ。その山頂に稲が生じたので、そこを神座として伊侶具は穀霊を祀ったのであり、これが伏見稲荷大社のオリジンにあたるのだろう。そしてこの穀霊は、現在の伏見社の主祭神宇迦之御魂神に相当しよう。「（山頂に）稲が生じたので、社の名（イナリ）とした」という箇所は、一般的な校訂訓読文では「伊祢奈利生ふ。遂に社の名と為す」となっていて、「イネがなり生う」がイナリ（稲荷）という社名に転じたという解釈をとっている。イナリとは稲生の意であるということだ。しかしこの部分のテキストは「子を生めり。遂に社と為す」が正しく、「山頂で神の化身である白鳥が子を生み、その誕生地が聖地に定められた」と解すべきだとする傾聴すべき説もある（菟田俊彦「稲荷伝

稲荷山の「お塚」　千本鳥居が立ち並ぶ稲荷山の参道には数多くの「お塚」(信者が奉納した石祠)が立つ

説の原形」、山折哲雄編『稲荷信仰事典』所収)。ここは正しい解釈が難しいところだ。

④…「先祖のあやまち」とは、伊侶具がおごって神の化身である餅を的として矢を射たことをさしているのだろうか。伊侶具の子孫――おそらく中家のことをさすのだろう――が山上の木を自邸に移植して祈り祀ったというのは、稲荷山の山頂の神座に立てられていた神籬(ひもろぎ)を麓に遷し、丁重に祀り直したことを言い表しているのではないだろうか。そしてその際、小規模ながら、社殿が建てられたのではないだろうか。

創祀は奈良時代のはじめか

いずれにしても、あるとき、穀霊の化身である白鳥が稲荷山に降り立ち、何らかの奇瑞をみせたことが、稲作を営む秦氏による伏見社の創祀と奉斎につながったということになろう。

では、その創祀は具体的にはいつのことなのか。『山城国風土記』逸文は具体的な年代は記さないが、それが秦伊侶具の時代であったことは示している。

天暦３年（９４９）５月23日の奥書をもつ『天暦三年神祇官勘文』という文書には、伏見社の神官たちの申状によるとして、同社の創祀について、「和銅年中、始めて伊奈利山三箇の岑の平かなる処に顕れ坐す」とする説が記載されている。和銅は西暦では７０８～７１５年にあたる。このときに稲荷神が降臨したという「伊奈利山三箇の岑の平かなる処」とは、３峰からなる稲荷山の山上のことだろう。鎌倉時代初期の成立かという儀式書『年中行事秘抄』にも、これとほぼ同じ内容の文章が引用されている。

16世紀中頃の成立とされる『二十二社註式』では、稲荷神の山上鎮座を「和銅４年」と特定する。『山城国風土記』逸文・伊奈利社条の出典になっている、先に紹介した『延喜式神名帳頭註』も、和銅４年としている。そして前掲『稲荷社神主家大西氏系図』や伏見社の古記『十五箇條口授伝之和解』も和銅４年としている。

このような所伝にもとづき、現在では、「伏見社は和銅4年（711）に秦伊侶具によって創建された」というのが、伏見社の公式見解のようなものとなっている。

伏見周辺もまた秦氏の定住地だった

ところで、松尾大社の項で説明したように、秦氏は桂川沿いを中心とした山城国葛野郡を開拓して本拠地とした。その彼らが、なぜ葛野郡からは離れた伏見の地に神社を祀ることになったのだろうか。

じつは、伏見もまた秦氏とは非常にゆかりの深い土地であった。

伏見という地名は古くからあったらしく、『日本書紀』雄略天皇17年条に見出すことができるが、このあたりは古代律令制下では山城国紀伊郡深草郷にあたる。ここにもかなり早くから秦氏が住み着いていた。『日本書紀』の欽明天皇の章に次のようなエピソードが記されているからだ。

「天皇がまだ即位前の幼少時、ある人に『秦大津父という者を寵愛なされば、成人になると、必ず天下を治めることになるでしょう』と告げられる夢を見た。そこで、目が覚めると、使者を使わせて大津父なる人物を捜し求めさせたところ、山城国紀伊郡深草里で見つけ出した。

するとと、大津父は（即位前の）天皇にこう語った。

『伊勢で商いをした帰途、2匹の狼が嚙み合って血を流しているのに遭遇しましたが、「あなた方は尊い神なのだから」と言って逃がしてやりました』

大津父の話を聞き終えた天皇は『きっと良い報いがあるだろう』と述べた。

そして大津父を仕えさせ、厚遇して裕福にさせ、天皇に即位すると朝廷の大蔵（おおくら）を管理・出納する職に任じた」（欽明天皇即位前紀）

神使の狐像　境内には玉や鍵をくわえた狐像が並ぶ

欽明天皇は6世紀に実在したと考えられている天皇である。

したがって、6世紀には紀伊郡深草つまり伏見の地もまた渡来人秦氏の拠点のひとつになっていて、当地におけるリーダー的人物が大津父だったと考えることができよう。秦氏はまず大和方面から北上して深草を開拓し、彼らの中の野心的な一団がさらに北上して葛野をめざしたと考えることもできようか。

そして、天皇に寵愛された大津父は大いに富み栄えたというのだが、この大津父を、伏見社を創建した豪農の秦伊侶具の先祖と考えることもできよう。

また『日本書紀』には、大津父が狼を「尊い神」とみなして逃がしたという話がいわくありげに挿入されていて気にかかるが、この狼とはすなわち大神で、稲荷山の神の化身であろうとか、この挿話に登場する狼は稲荷神社の神使としての狐とどこかで結びついているのではないのか、といった見方もある。

在地の民がもうひとつの祭司一族

もっとも、稲荷信仰の本源である深草の里は、秦氏が一から切り拓いた土地ではなかった。稲荷山の西麓付近に、弥生時代の集落跡である深草遺跡が見つかっているからである。この遺跡は出土遺物などから初期農耕集落であったことは明らかで、渡来人が入植する以前、深草一帯には大規模な農耕集落が存在していたと推測されている。

稲荷山からの眺め　お参りしながら山を登ることを地元では「お山めぐり」と呼ぶ

したがって、こんなふうに想像することができよう。

「深草＝伏見には弥生時代から人が住んで農耕が行われていた。4～5世紀頃になると渡来人の秦氏が入植してきて、最新の灌漑技術などを用いてさらに農耕を盛んにさせた」

この見方を裏づけようとするのは、伏見社を奉斎してきた氏族には、秦氏だけではなく、荷田氏という在地の氏族もあったという事実だ。

秦氏と並んで伏見社の神職を継承してきた荷田氏は、室町時代に備後国出身の羽倉氏に乗っ取られたとも言われているが、荷田氏そのもののルーツは古く、秦氏よりも先に伏見に住み着いた民とも言われ、雄略天皇皇子の裔とする伝承もある。

農業だけではなく狩猟採集も生業としていた彼らは、きっと稲荷山をごく素朴に山の神として、地主神として崇めていたのだろう。ところが、秦氏が入植してきて、本格的な農耕をはじめると、稲荷山の神を稲作の神として祀るようになり、やがて神社が創祀される。伏見稲荷大社の起こりである。

つまり、伏見社を本源とする稲荷信仰とは、土着民の山神信仰に渡来人の穀霊信仰が接ぎ木されて生じたものと言えるのではないだろうか。

平安遷都後、稲荷信仰はこのような信仰を中核としつつも、仏教や民俗信仰などとも習合しながら独特の発展を続け、全国各地に伝播してゆく。特筆すべきは弘法大師空海との結びつきで、中世には「空海が稲荷神の化身である稲を担いだ老翁を京都の東寺に招いて供養し、東寺の鎮守としてこの神を祀った。これが伏見社の起源である」という伝説が広まった。ちなみに、イナリを稲荷と書くのは、この伝説にみられるように、この神が稲を背負って（つまり、荷なって）いたからだと言われ、文献上の初見は『類聚国史』の天長4年（827）正月19日条である。

稲荷神社は現代の日本人にとってもごく身近なものだが、そのルーツには渡来人秦氏の信仰が深く関与していた。神社や神道というと日本固有の信仰と思われがちだが、その古層に渡来文化が横たわっていることは、知っておくべきだろう。

秦王国の古社

大酒神社と木嶋坐天照御魂神社

――渡来人たちが祀った神々の正体

京都市右京区太秦蜂岡町／右京区太秦森ケ東町

秦氏のリーダーが盤踞した太秦

桂川沿岸を中心とする葛野郡が渡来系氏族秦氏の本拠であったことは度々記した通りだが、この葛野郡に「太秦」と呼ばれる地区がある。桂川東岸に広がる嵯峨野の東側に続く野で、現代では東映太秦映画村があることで知られている。

太秦の地は葛野の中でもとくに秦氏との結びつきが深く、秦氏の有力者が住んでいたとみられており、特殊な読み方をする地名も、次のような秦氏の伝承に由来する。『日本書紀』雄略天皇15年条によると、当時、秦氏の人びとは各地に分散して住んでいたうえに、有力豪族にかすめ取られて使役されていた。秦氏の族長格だった秦酒

（秦造酒、秦酒公とも）はこのことを憂いながら天皇に仕えていたが、天皇は酒を寵愛していたので、全国の秦氏を一堂に集めさせ、彼らを酒に与えた。一団を統率することになった酒は、お礼として天皇に絹などの織物を献上し、それらを朝廷にうずたかく盛り上げた。このことにちなみ、天皇は秦氏にウズマサという名を与えた。

つまり、秦氏はうずたかく盛り上がるほどの貢物を献上したので、ウズマサという名を賜わったというのである。ただし、実際にはこの後も秦という氏名が通用されているので、ウズマサは秦氏に対する美称のようなものととらえるべきだろう。秦氏の本宗家や族長に対する尊称・通称と解することもできる。

太秦に鎮座する木嶋坐天照御魂神社（江戸後期）
中央の池の中に珍しい三柱鳥居が立つ。『都名所図会』より（国立国会図書館）

そしてのちに、この称に

対して「太秦」という字が充てられるようになった。「大いなる秦氏」というようなニュアンスだろう。

さらには、太秦が地名にも転化したのである。おそらくそこは、秦氏の有力者・首長格の人物が本邸を構えるような土地だったに違いない。

葛野という秦氏の本拠地の中の中心、それが京都の太秦であった。

秦河勝が創建した広隆寺の鎮守社、大酒神社

そんな太秦における秦氏のゆかりの神社としてまず取り上げたいのは、大酒神社なのだが、大酒神社の説明をするには、この神社のそばにある広隆寺の説明からはじめなければならない。

京都市右京区太秦蜂岡町に所在する広隆寺は推古天皇11年（603）に当時の秦氏の有力者秦河勝によって創建されたと伝えられる古寺で、京都最古の寺院とも言われている。その創建については『日本書紀』に記述がある。

推古天皇11年11月1日条によると、聖徳太子が「私が持っている尊い仏像を引き取って礼拝する者は、誰かいないか」と言うと、太子の側近だった河勝が進み出て仏像

を受け取り、蜂岡寺をつくった。

一般に「蜂岡寺」は広隆寺の異名とされていて、この記事は広隆寺の創建を示しており、このとき河勝が聖徳太子から授かった仏像とは、広隆寺の寺宝である2つの有名な弥勒像（宝冠弥勒菩薩半跏思惟像と宝髻弥勒菩薩半跏思惟像）のうちのどちらかだろうとされている。

ただし、広隆寺の草創については不明の点も多く、異説もある。現在地（蜂岡町）からはやや離れた京都市北区北野上白梅町に「北野廃寺跡」と呼ばれる古代寺院跡があるが、創建当初はこの地にあって、のちに現在地に移転したのではないかとか、推古朝には北野と現在地それぞれに秦氏に関わる寺院が創建されて並存していたが、のちに現在地に統合されたのではないか、といった説も唱えられている。

太秦の現広隆寺の境内からは7世紀前半にさかのぼる軒丸瓦が出土しているので、この地に飛鳥時代から寺院が存在していたことはまず間違いない。その寺院は、太秦という土地柄を考えれば、当然、秦氏の創建にかかるものであり、秦氏の氏寺的な性格をそなえたものだったはずである。

広隆寺の境内奥に桂宮院と呼ばれる八角円堂がある。その場所はかつて河勝とと

大酒神社　広隆寺の東隣にあり、大酒明神とも称される

もにこの地を訪れた聖徳太子が営んだ楓野別宮があったところと伝えられていて、堂内には聖徳太子像が安置されている。

この桂宮院の鎮守社とされてきたのが、大酒神社だ。

大酒神社の現在地は広隆寺境内の完全に外側にあるが、明治の神仏分離までは桂宮院のそばにあり、まさに桂宮院を守護していた。

室町時代末の成立とされる『広隆寺来由記』によれば、祀られている大酒明神とは秦の始皇帝の祖神で、第14代仲哀天皇のときに始皇帝の子孫功満王が来朝し、この神を当地に勧請したのだという。

この縁起は伝説色が濃いが、太秦に勢力を張った秦氏が自分たちの祖霊を氏寺のそばに祀ったと考えれば、矛盾はない。現在の大酒神社は祭神を秦始皇帝、弓月王（功満王の子）、秦酒公（「太秦」の名を授かった雄略朝の秦氏首長）としている。

一方で、祀られたのは秦河勝だったという伝承もある（『雍州府志』など）。考古学者の森浩一氏は、「桂宮院は本来、秦氏興隆の祖である河勝を祠っていた廟としての施設であった。ところが聖徳太子信仰のたかまりにつれ、お堂には聖徳太子を祠るようになり、境内に大辟神社（引用者注・大酒神社）として河勝が祠られた」という、ユニークな見立てを示している（『京都の歴史を足元からさぐる　嵯峨・嵐山・花園・松尾の巻』）。桂宮院とその鎮守としての大酒神社の関係を、聖徳太子と彼を守護する秦河勝の関係にたとえることもできようか。

社名の大酒は古くは大辟とも大裂とも書かれた。オオサケの意については諸説あるが、サケは酒や秦酒公のことではなく「裂く」に通じ、秦氏が大地を裂いて土地を開拓したことを称えているとする説が興味深い。

秦氏の里に鎮まる木嶋坐天照御魂神社

大酒神社から東に10分ほど歩くと、木嶋坐天照御魂神社の鳥居前に出る。

現在の祭神は天之御中主神とほか４神（大国魂神・穂穂出見命・鵜茅葺不合命・

木嶋坐天照御魂神社　境内は双ヶ丘の真南、広隆寺の真東に位置する

瓊瓊杵尊（ににぎのみこと））。社名の「木嶋」は社地一帯の古地名で、そのため「木嶋社」を通称とする。現在は宅地に囲まれているが、かつては木嶋という名にふさわしく、周囲には巨樹が繁茂し、境内にある「元糺（もとただす）」と呼ばれる池の水量も非常に豊かだったという。境内社に養蚕（こかい）神社があるため、「蚕の社（かいこのやしろ）」という通称もある。

創祀年代は不詳だが、史料上の初出は『続日本紀（しょくにほんぎ）』大宝元年（７０１）４月３日条である。「木嶋神の神稲をこれ以後、中臣氏（なかとみ）に給する」というのがその内容である。元糺の池には四季を問わず豊かな水が湧き出たためか、平安時代には祈雨の神としてとくに信仰された。

そして、史料上の裏付けはないものの、太秦という土地柄から、木嶋社はかなり古くから秦氏によって祀られていたのではないか、太秦の秦氏の氏神ではないのか、といったことがよく言われてきた。境内社の養蚕神社が秦氏の職掌である養蚕・織物の祖神を祀っていることも、秦氏との深い関わりを想像させる。

本来の祭神は素朴な太陽神アマテルか

この木嶋社には、2つの大きな「謎」がある。

ひとつ目は、社名に含まれる「天照御魂」をめぐる謎である。

神社の世界では、「天照」と書けばアマテラスと読まれるのが普通で、要するに伊勢神宮に祀られる太陽神で天皇家の祖神である天照大神のことをさす。しかし、木嶋社ではこの字をあえてアマテルと読ませていて、天照大神とは別の神格を祀っていることをにおわせている。

じつは、畿内には、木嶋社以外にも、社名に「天照＝アマテル」という言葉を含む式内社が点在している。丹波の天照玉命神社（京都府福知山市今安）、大和の鏡作坐天照御魂神社（奈良県磯城郡田原本町八尾）、他田坐天照御魂神社（奈良県桜井市太田）、摂津の新屋坐天照御魂神社（大阪府茨木市西福井）などがそれである。これらの神社の本来の祭神をめぐってはいろいろと議論があるが、アマテル＝太陽の神格化、すなわち古代日本人が素朴に信仰していた太陽神としてのアマテルが祀られていたのではないかという説が注目される。つまり、アマテルとは、皇祖神アマテラスが形成される以前に日本各地で信仰されていた太陽神であり、プレ・アマテラスとでも言うべき神ではないか、という見方だ。

ここで木嶋社に話を戻すと、現在の祭神は先に記したように、天之御中主神ほか合わせて5神だが、歴史的にみると祭神名は必ずしも一貫していない。大正14年（1925）刊行の『特選神名牒』は祭神を天照国照天火明命とし、享保18年（1733）完成の出口延経『神名帳考証』は「天日神命か」としている。いずれも、アマテルの系譜につながるローカルな太陽神である。こうしたことからすれば、木嶋社の本来の祭神は、その社名に含まれる「天照御魂」、すなわち素朴な太陽神としてのアマテルであったと考えるのが適当ではないだろうか。

そして、木嶋社が秦氏の氏神であったというのなら、そのアマテルは渡来人秦氏が奉じてきた太陽神であり、渡来系の信仰に由来する独特の神格を有していたと考えることができよう。

元糺の池に立つ三柱鳥居の謎

2つ目の謎は、境内の「元糺の池」に、全国的にもきわめて珍しい三柱鳥居が立っていることである。これは鳥居を3つ組み合わせたもので、真上から見ると、正三角形が中心の組石を囲む形体をしている。

いつからここに三柱鳥居が立っていたのかは不明なのだが、現在のものは江戸時代の享保年間（1716～1736年）に修復されたものだというので、それ以前から存在していたことになる。

なぜこんな不思議な鳥居が建てられたのか。創立年代同様このこともよくわかっておらず、そのため諸説が唱えられているが、ここでは古代史研究家の大和岩雄氏が主張した有名な説を要約するかたちで紹介しておきたい。

「三柱鳥居によって構成される三角形のうち、底辺の中央と上方の頂点を結ぶ垂線の延長線上には双ヶ丘がそびえている。双ヶ丘は秦氏の有力者が葬られている古墳（双ヶ丘古墳群）があるところであり、秦氏の祖霊が眠る聖地である。

次に、三角形の右辺中央と左端の頂点を結ぶ垂線は、東側が比叡山系の主峰四明岳

三柱鳥居　本殿の西側に広がる「元糺の池」の中に立つ。現在は、行事があるときに池に水がはられる

三柱鳥居と山の方位関係図

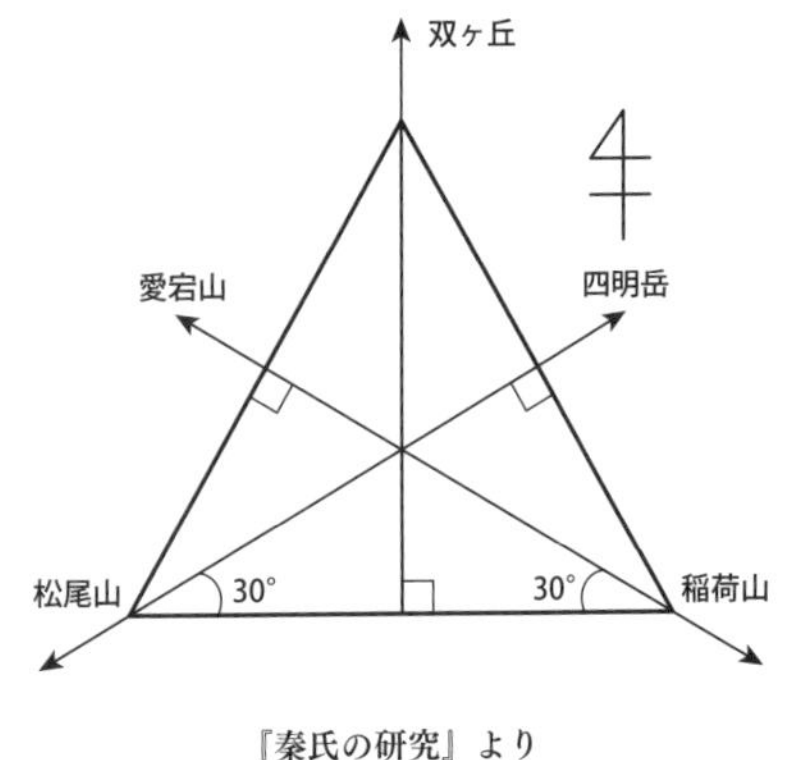

『秦氏の研究』より

を、西側が松尾山を指し示している。三角形の中心（三柱鳥居の中心にある組石）から見ると、夏至の朝日は四明岳の方角から昇り、冬至の夕日は松尾山の方角に落ちる。松尾山は秦氏が祀る松尾大社の神体山である。

三角形の左辺中央と右端の頂点を結ぶ垂線は、東側が稲荷山を、西側が愛宕山（あたごやま）を指し示している。三角形の中心から見ると、冬至の朝日は稲荷山の方角から昇り、夏至の夕日は愛宕山の方角に落ちる。稲荷山は秦氏が祀る伏見稲荷大社の神体山である。

つまり、三柱鳥居は冬至・夏至の朝日・夕日を遙拝するための鳥居である。しかも、三柱鳥居が形成するトライアングルの頂点はそれぞれ、双ヶ丘・稲荷山・松尾山という秦氏の聖地を指し示している」（『秦氏の研究』『日本の神々　第五巻　山城・近江』）

この説が正しければ、ハレの日に太陽（＝アマテル）を崇めるために、自族の聖地の結節点に秦氏が創建したのが、木嶋天照御魂神社である、ということになろう。

また、下鴨神社の社叢を「糺の森」と呼ぶが、「糺」の名は、木嶋社の元糺の池を移したもので、そのため「元糺」と言うのだという伝承がある。この池は禊（みそぎ）の行場であったところで、「タダス」という名は禊によって心身を正しくすることに由来することになるらしい。真偽不詳の伝承だが、松尾大社の縁起の場合と同様に、秦氏と賀茂氏の結びつきが示唆されているところが興味をひく。

木嶋社の三柱鳥居をめぐっては、これを景教（けいきょう）（キリスト教ネストリウス派）の遺物であると断じた、明治時代に唱えられた有名な学説もある。

秦氏の里太秦の地に残る社寺には、解きがたい謎があふれている。

謎の鎮座縁起

八坂(やさか)神社

——渡来人創建説とスサノオ渡来神説の深層

京都市東山区
祇園町(ぎおんまち)北側

牛頭天王を祀っていた神仏混淆の祇園社

京都の夏の風物詩である祇園祭(ぎおんまつり)で名高い八坂(やさか)神社の社名は、鎮座地（京都市東山区祇園町北側）の古地名にもとづいている。このあたりは古くは山城国愛宕(おたぎ)郡八坂郷と称したのである。

しかし、この社名を称するようになったのは、明治維新の神仏分離政策がはじまった慶応４年（＝明治元年／１８６８）からであって、それ以前は祇園社、祇園感神院(かんじんいん)などと呼ばれていた。しかも、現在はスサノオが主祭神となっているが、明治以前には、牛頭天王(ごずてんのう)という神とも仏ともつかない異形の尊がその地位にあった。祇園社とも

八坂神社 京都盆地東部、四条通の東端に鎮座する

祇園感神院とも称したことからも察せられるように、そこは寺院とも神社ともつかない、神仏習合色が濃厚な霊場だったのだ。それが明治の神仏分離によって神社一色に塗り替えられたのである。

八坂神社＝祇園社の草創については説がいくつかあるが、有力と思われるのは、同社に伝わる『社家条々記録』（鎌倉時代末期成立）にみえるものだ。

それによると、創建は貞観18年（876）で、この年、奈良の僧円如が堂宇を建立して薬師如来像・千手観音像を奉安したところ、「天神」が東山の麓である祇園林（八坂神社の現在地か）に示現した。さらに元慶元年（877）、疫病を終息させた天神の威験を感じた摂政藤原基経が、先年に円如が建立した堂宇のある地に邸宅を移し、精舎を建てて社檀とし、霊像を安置したという。

つまり祇園社は、平安時代前期の貞観18年にまず薬師像他の仏像を安置する寺院としてはじまり、まもなく天神が降臨、翌年にこの神のために社殿が建てられ、神社としてのかたちも整えたということになる。創建当初から神仏混淆のかたちを濃くとっていたわけだ。ちなみに、ここに言及されている「天神」は、当時存命中の菅原道真（845～903年）の神格化である天満天神とは区別するべきで、おそらく「天つ神」の意であり、天上界から降臨した神をただ漠然とさしたものだろう。

ここで気にかかるのは、祇園社や祇園感神院といった呼称の由来だが、このことを明晰に記す史料は見当たらない。ただし、「藤原基経が神威を感じて精舎を寄進したことが、インドの祇陀太子が須達長者とともに釈尊に祇園精舎を寄進したことになぞらえられたから」というのが一般的な解釈となっている。

牛頭天王は疫病をもたらす陰陽道の神だった

前述したように、『社家条々記録』によれば、創建当初の祇園社の祭神は「天神」であった。それがいつから牛頭天王に変わったのだろうか。

平安時代末期（12世紀）成立の『本朝世紀』に収められている、延久2年（1070）に祇園社が火災に襲われたことを伝える記事に、「(祀られている）牛頭天王の足が焼損した」とあり、やはり平安末に編まれた『伊呂波字類抄』が祇園社の祭神を牛頭天王と明記していることなどからすれば、12世紀には祇園社の祭神は明確に牛頭天王となっていたらしい。当初の祭神である「天神」が牛頭天王と同一視されるようになった、ということであったのかもしれない。

そもそも牛頭天王とは何だろうか。

牛頭天王は、牛の顔を頭頂に据えて、忿怒の形相をみせるという姿を特徴とする。祇園社系の史料や縁起類では、しばしばインドの祇園精舎の守護神と説明され、仏教尊格

牛頭天王　頭頂に牛の頭を据えている。スサノオと同一視された。土佐秀信『仏像図彙』より（国立国会図書館）

のひとつに位置づけられているのだ、という論理である。しかし、インドの仏典に牛頭天王について記すものはない。祇園社に祀られているのは、「牛頭天王は祇園精舎の守護神」は、祇園精舎の守護神だから、祇園社に祀られているのだ、という論理である。

牛頭天王は本来的には陰陽道の神であり、なかでも、疫病を流行させる神＝行疫神として畏れられる神であった。そんな神が祇園社の祭神とされるようになったのは、祇園社の祭礼である祇園祭が疫病退散を目的としていたことと関係があるらしい。その後、牛頭天王は神格を本来のものから逆転させる。疫病を流行らせる神ではなく、それを鎮めてくれる善神として信仰されるように変わったのだ。その一方で、疫神的な性格も有するスサノオと同一視されるようにもなってゆく。

しかし、明治の神仏分離令によって、仏教的な尊格とみなされていた牛頭天王は祭神から外され、その代わりに、牛頭天王の垂迹とみなされていたスサノオが主祭神の座に就いたのである。

飛鳥時代に渡来人が創建したとする説

ここまで記してきたように、『社家条々記録』によれば、祇園社の起源は貞観18年

（876）なのだが、もっとさかのぼって、平安遷都以前の斉明天皇2年（656）を創建年とする説もある。しかもこの説では、創建が渡来人と結びつけられている。

この説の根拠となっているのは、祇園社の祠官を務めてきた建内家に伝わる『八坂郷鎮座大神之記』で、そこには概略、次のようなことが記されている。

「斉明天皇2年8月、朝鮮の調進副使、伊利之は再来すると、新羅国の牛頭山に座すスサノオ神の御魂をもたらして日本に祀り、これによって愛宕郡八坂郷の地と八坂造の氏姓を賜わった。天智天皇6年（667）、社号を感神院となし、宮殿を造営し、牛頭山に座す神を牛頭天王と称して祭祀した」

すなわち、飛鳥時代の西暦656年に朝鮮から来朝した伊利之が愛宕郡八坂郷にスサノオを遷祀したのが、感神院＝祇園社の創祀だというのである。しかも、伊利之はそのまま八坂郷に住み着いたらしく、八坂氏を称することになったという。事実とすれば、祇園社の草創は渡来人の手にかかったことになる。

伊利之は、『日本書紀』斉明天皇2年8月8日条に朝鮮の高句麗からの遺使の副使としてその名を見出すことができる、実在した人物である。ならば、『八坂郷鎮座大神之記』の創祀縁起は信憑性が高いのかと言うと、そうでもない。その理由を挙げてみよう。

まず伊利之だが、彼の名は、『日本書紀』斉明天皇2年8月8日条以外には、『日本書紀』はもとより他の史書にも現れない。つまり伊利之は、確かに実在はしたが、高句麗からの使節団のメンバーであったこと以上の経歴が不明の、謎の人物なのだ。そうなると、『八坂郷鎮座大神之記』が言うように、彼が母国に戻らずに日本に住み着いたというのは、どれだけの史実を含んでいるのだろうかという疑念が生じる。

次に、『八坂郷鎮座大神之記』は「愛宕郡八坂郷」という地名を明記しているが、日本の行政区画で「郡」が成立するのは大宝律令が成立した大宝元年（701）以降、「郷」が成立するのは霊亀元年（715）以降であり、斉明朝の時点ではまだ「郡」「郷」は存在しなかった。つまり、『八坂郷鎮座大神之記』の記述には、史料的に見ると疑わしい面がある。

謎多き鎮座縁起成立年の闇

そして最も大きな問題点は、『八坂郷鎮座大神之記』自体の成立年である。『八坂郷鎮座大神之記』は、八坂神社が明治3年（1870）に出版した『八坂社旧記集録』

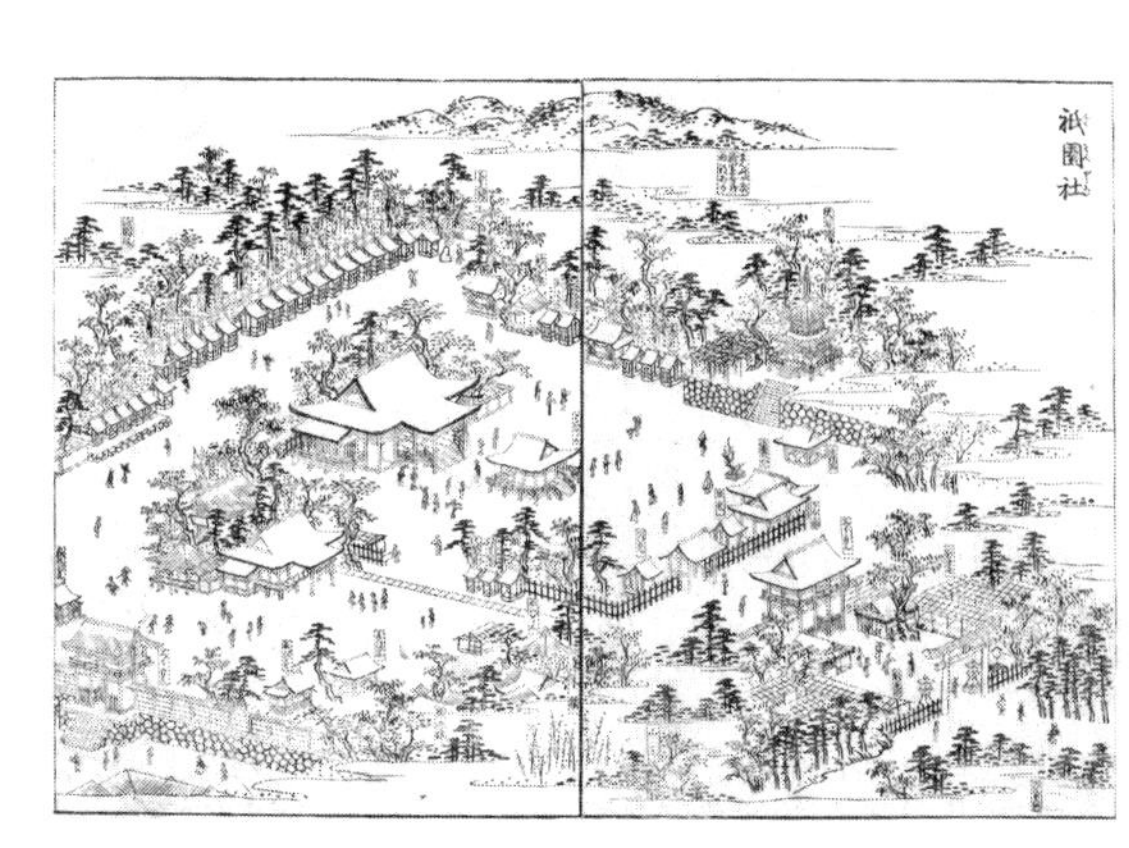

祇園社（八坂神社）の様子（江戸後期）『都名所図会』より（国立国会図書館）

に収録されているものだが、その奥書によれば、「旧記」を慶応4年（1868）6月に抄出して写したものが『八坂郷鎮座大神之記』なのだという。

つまり、『八坂郷鎮座大神之記』そのものは明治維新期の成立で、かなり新しい文書なのである。内容自体は、成立年代不詳の古縁起とおぼしき〝旧記〟に依っていることになっているが、肝心の〝旧記〟の存在は確かめられていない。

要するに、『八坂郷鎮座大神之記』は史料としての信頼性が低い。

ここで、慶応4年6月という『八坂郷鎮座大神之記』という成立期を考えるならば、次のように推理することもできよう。

明治新政府の神仏分離政策は慶応4年3月から始まっているが、祇園社側はこの政策に従って5月には八坂神社と改称している。「祇園」はインドの仏教聖地の名称なので、神社の名称にはふさわしくないという判断がなされたのだろう。祭神が神仏習合色の強い牛頭天王から記紀神話の神であるスサノオに改められたのも、おそらくこの頃のことと思われる。

このとき、「祇園」から「八坂」への社名変更を正当化する意図もあって、飛鳥時代にスサノオを祀る神社が「八坂郷」に創建されたことを明示する縁起書が制作された。その際、神社の飛鳥時代創建に信憑性を与えるために、『日本書紀』にただ一度だけ登場する、飛鳥時代に来朝した高句麗の外交官伊利之が引っ張り出された。

こうして明治維新期に成立したのが『八坂郷鎮座大神之記』だったのではないか――。

そうだとすれば、「八坂神社（=祇園社）渡来人創祀説」は、幻想だったということになろう。

なお、文久(ぶんきゅう)3年（1863）に国学者の松浦道輔(みちすけ)が著した『感神院牛頭天王考』に、高句麗の大使として天智天皇5年（666）に来朝した乙相奄鄒(いっそうあむす)が牛頭天王の神祠を八坂郷に建てたことを感神院（祇園社）の起源とする説が書かれているため（乙相奄郡の来朝は『日本書紀』に記載がある）、この書を『八坂郷鎮座大神之記』のソースに位置づける説もあることを付記しておきたい（久保田収『八坂神社の研究』）。

スサノオ新羅系説から八坂神社渡来人創祀説へ

ただし、『八坂郷鎮座大神之記』に書かれた創祀縁起（八坂神社渡来人創祀説）には、明治維新期の造作と断定できない面もある。

ひとつには、八坂郷に古くから渡来人が住んでいた形跡がみられるからだ。

古代氏族系譜集『新撰姓氏録』の「山城国諸蕃（しょばん）」の巻（「諸蕃」は渡来人の意）には、「高麗（こま）（高句麗）」からの渡来氏族として「八坂造」が挙げられ、之留川麻乃意利佐（しるつまのおりさ）なる高句麗人の後裔と紹介されている。「八坂」という氏名は愛宕郡八坂郷に土地を与えられたことによるものだろう。彼らの祖シルツマノオリサという名には、『八坂郷鎮座大神之記』が祇園社の創建者とする朝鮮からの使者イリシ（伊利之）を彷彿させるものがある。

もうひとつ指摘したいのは、牛頭天王とスサノオ、そして朝鮮半島とのつながりだ。

韓国の江原道春川（カンウォンドチュンチョン）に牛頭山（ウドゥサン）という山があり、熱病に効能がある栴檀を産したこ

江原神社　昭和戦前期、朝鮮江原道春川郡の牛頭山近くにあった神社で、スサノオを祀っていた

とから、この山の名を冠した神や仏が信仰されてきたという。そこは、かつては新羅国に属した地である。

他方、『日本書紀』神代巻には、天上界から追放されたスサノオが新羅国に天下り、「曾尸茂梨（そしもり）」という所にいたとする記述がある（神代上・第8段一書（あるふみ）第4）。ここに現れるソシモリがどこなのかについては議論があるが、朝鮮語で「牛の頭」のことをソモリ（ソイモリ）と言うことから、新羅の牛頭山のことを指しているのではないか、とする説がある。この説を採るなら、この『日本書紀』の記述を、スサノオが「新羅国の牛頭山」に降臨した謂（いい）に解釈することもできるわけで、そうなると、「伊利之が新羅国の牛頭山に座すスサノオ神の御魂をもたらして日本に祀った」とする『八坂郷鎮座大神之記』の記述と整合性が生じてくる。

この『日本書紀』神代巻の記述を根拠に、スサノオを渡来系の神とする見方は従来からある。そもそも、牛頭天王とスサノオが同一視された遠因は、新羅の牛頭山とスサノオを結びつける『日本書紀』のこの記述にある、とする見方もあるほどだ。また、スサノオという神名は巫覡（ふげき）を意味する朝鮮語のススンに由来するとする説もある（松前健『日本神話の形成』）。

このように考えてゆくと、「八坂の地には平安遷都以前からここに住み着いた新羅系渡来人たちの信仰の拠り所となる聖地があり、それが平安時代に再興され、祇園社・八坂神社に発展した」と推測することは決して荒唐無稽なことではない、ということにもなろう。

八坂神社の歴史は複雑で錯綜しているが、その深層に渡来人の信仰が埋もれている可能性があるのだ。

［京都神社のツボ③］

園神と韓神

——平安宮の地主神

『延喜式』「神名帳」の「宮中」の項に園神社と韓神社という神社が記載されている。平安宮の宮内省の敷地で奉斎されていた神社だが、平安遷都以前からその場所に鎮座していたと考えられている。

前者は園神、後者は韓神を祀った。出自のよくわからない祭神だが、古代史の碩学上田正昭氏は、韓神について、平安遷都以前から京都（山城国葛野郡）を開拓して住み着いていた渡来系氏族の秦氏が祀っていた神ではないか、と指摘している（『神道と東アジアの世界』）。「カラ（韓、唐）」は渡来人の故郷としての朝鮮・中国を指しているということなのだろう。平安宮の地に遷都以前は秦氏の族長秦河勝の屋敷が建っていたとする伝承があることはこの見方を後押ししている。

園・韓神社は中世には廃絶してしまった。その場所は二条城北の公園のあたりで、片隅に小さな神社がある。平安末期このあたりに池があり、怪物のヌエを退治した源頼政が血の付いた鏃をこの池で洗ったという伝承があることから、「鵺大明神社」と呼ばれている。

第4章

神話・伝説の舞台を訪ねる

京都府北部は注目すべき古伝承の宝庫

古い神社には、起源にまつわる神話や伝説が伝えられているもので、それがしばしば「縁起書」という形でまとめられる。ここまで本書で紹介してきた京都古社の数々は、まさしくその好例である。

しかし、本章で着眼するのは、京都府内の古社にまつわる神話・伝説のなかでも、著名な文献を典拠とするもの、一般的な知名度が比較的高いもの、あるいはスケールの大きいものだ。具体的には、『日本書紀』に記されていた創祀縁起や、日本人なら誰もが知っている浦島太郎伝説、中世に流布した元伊勢(もといせ)伝説（伊勢神宮の元宮とされる神社にまつわる伝説）などだ。

ただし、冒頭の葛野坐月読(かどのにますつきよみ)神社を除くと、旧国の区分では、山城国(やましろのくに)ではなく、その北方にある丹後国(たんごのくに)に属する神社が並ぶことになった。そこで、丹後の地理について少し触れておこう。丹後国とは京都府北部にあたる地域だが、かつては丹後を含む現在の京都府北・中部と兵庫県中東部を合わせた地域はまとめて丹波国(たんばのくに)と呼ばれていた。しかし和銅(わどう)6年（713）、ここから加佐(かさ)・与佐(よさ)（与謝）・丹波・竹野(たかの)・熊野の5郡が割かれ、丹後国として独立することになったのである。

北は丹後半島を中心として日本海に臨み、南部には山並みが広がる。おもに人が住み暮らしてきたのは、山地から北方へ向かって流れ出る川の沿岸である。

平安京から見るならば北の果てのように映り、現在でも決して交通の便はよくない。ともすると、うら寂しいところと思われがちである。しかし、歴史的にみるならば、決して僻地とは言えない。たとえば、『古事記』は第9代開化天皇が丹後国竹野郡を本拠とした豪族の娘とみられる竹野比売を妃としたと伝えている。日本海に注ぐ竹野川の河口付近にある大型前方後円墳の神明山古墳（京丹後市丹後町宮）の被葬者は、一説に彼女だという。この古墳から南西約20キロの海岸に位置する函石浜遺跡（京丹後市久美浜町）は弥生時代の遺跡だが、中国・新王朝（西暦8～24年）の通貨「貨泉」が発見されたことで知られている。

丹後には古代から人間の営みがあり、彼らは日本海を介して、九州や山陰、北陸だけでなく、中国あるいは朝鮮とも交流をもったのである。そしてそのことを証するように、丹後各地には古い由緒を伝える神社が鎮座し、豊潤な神話・伝説の原郷となっているのだ。

京都の「月の里」
葛野坐月読神社
——『日本書紀』に縁起が記された月神の宮

京都市西京区
松室山添町

『日本書紀』に明記された京都古社の創祀譚

京都市内には由緒の古い神社が数多くあるが、創祀縁起が『日本書紀』に明確に書き留められているものはひとつしかない。その貴重なひとつが、桂川西岸に鎮座する月読神社で、『延喜式』「神名帳」では葛野坐月読神社と呼ばれている。

この小さな神社の草創を記すのは、『日本書紀』の顕宗天皇3年2月1日条だ。ちなみに、顕宗天皇は5世紀末頃に在位したとみられている天皇で、宮都は近飛鳥八釣宮（大阪府羽曳野市飛鳥付近か）である。

「阿閉臣事代、命を銜けて、出でて任那に使す。是に月神、人に著りて謂りて曰はく、『我が祖高皇産霊、預ひて天地を鎔造せる功有します。民地を以ちて、我が月神に奉れ。若し請の依に我に献らば、福慶あらむ』とのたまふ。事代、是に由りて、京に還りて具に奏し、奉るに歌荒樔田を以ちてす。〔歌荒樔田は、山背国葛野郡に在り。〕壱伎県主の先祖押見宿禰、祠に侍へまつる」（〔 〕内は原注）

葛野坐月読神社　松尾大社の南約400メートルの地に鎮座する

大意を記すと、「阿閉事代という人物が天皇の命を受けて任那（朝鮮半島南部にあった小国連合）に向かおうとしたところ、〝月神〟がある人に憑依し、『我が祖、タカミムスヒは天地を創造した偉大な神だ。土地を私に献上せよ。そうすれば福がもたらされるだろう』と告げたので、事代は天皇にこのことを奏上し、山城国葛野郡の〝歌荒樔田〟を月神に奉納した。そこに設けられた祠には壱伎（壱岐）氏の先祖押見宿禰が仕えた」となる。

淡々と続く天皇の年代記の中に唐突にオカルト譚が現れるので、通読している場合は違和感を覚えるはずだが、あえて挿入されているからには、現実にこのような怪事件――天皇の側近の前で何者かが突如、神憑り（かみがか）状態になり、託宣を述べる――が発生し、そのことが朝廷の記録にしっかり書き留められていたのだろう。

壱岐島から遷された葛野の月読神社

ここに登場する「月神」は、九州の玄界灘（げんかいなだ）に浮かぶ壱岐島の月読神社（式内社（しきないしゃ））に祀られていた神のことと考えられている。記事の終わりの方に、押見宿禰という壱岐島の豪族壱岐氏の先祖のことが言及されているからだ。壱岐氏は月神を篤く崇拝していたとみられ、9世紀頃成立の史書『先代旧事本紀（せんだいくじほんぎ）』の巻第3「天神本紀」には、天月神命という神が壱岐氏の祖神として紹介されている。また、記事中で月神の祖とされているタカミムスヒは、同じく壱岐島に鎮座する式内社高御祖（たかみおや）神社に祀られる神をさすと考えられている。

つまり、この顕宗紀のオカルト譚のポイントは、壱岐島に祀られていた月の神が、

月読神社（壱岐）　長崎県壱岐市芦辺町に鎮座する

神託に従って山城国葛野（やましろのくにかどの）郡に遷され、壱岐出身の一族によって奉斎されることになったというところなのである。

解釈が難しいのは「歌荒樔田」だが、ウタは葛野郡の宇太（うた）村（現在の京都市右京区宇多野一帯）、アラスは「産（あ）る」の敬語的表現で、全体としては「宇太の、神をお産みになる田」、要するに、壱岐の月神のために葛野郡の一画に用意された神田のことではないかと言われている（『新編日本古典文学全集　日本書紀』の頭注による）。

そして、山城国に遷された壱岐の月神を祀るために設けられた「祠」とされてきたのが、月読尊（つきよみのみこと）を祀る葛野坐月読神社なのである。

5世紀頃、桂川のほとりに鎮座か

葛野坐月読神社の現在地は洛西松尾山の南麓で、明治10年（1877）以降は北400メートルばかりのところにある松尾大社の摂社となっている。しかし、現在地に鎮座したのは斉衡3年（856）で、それ以前は桂川のほとりにあったという。水害に遭いやすいので場所が移されたのだ。旧社地の正確な場所については、桂川右岸の桂上野地区付近とする説や、桂川左岸とする説などがあるが、よくわかっていない。桂川は古代にはよく氾濫を起こして川筋を変えているせいもあろう。

いずれにしても、この旧社地の近辺が、月神のための「歌荒樔田」が置かれていた場所である可能性が高い、ということになる。ちなみに、京都の「嵐山」という地名は歌荒樔田のアラスに由来する、とする説もある。

顕宗紀の記述が正しければ、葛野坐月読神社の歴史は5世紀にまでさかのぼり、松尾大社や伏見稲荷大社よりも古く、山城国内では有数の古社ということになろう。

社家は、押見宿禰を祖とする壱岐氏と、その後裔である松室氏が務めてきた。

なお、古代氏族系譜集『新撰姓氏録』では、壱岐（壹伎）氏は天児屋根命の11世孫雷大臣の後裔となっているが（右京神別上）、これは、自族の系譜を天児屋根命を祖神とする有力氏族の中臣氏（＝藤原氏）に結びつけるために造作されたものだろう。中臣氏の出身を卜占を職とする氏族卜部とする俗説（『続群書類従』第7輯下収録『大中臣氏系図』など）や、壱岐を出身とする卜部も多くいて、壱岐氏が卜占に長じた一族でもあったことが、このような造作の動機づけになったものと思われる。

「桂川」「桂の里」と月読神社の深い関係

第3章の冒頭でも説明したが、京都西郊を流れる桂川は旧称を葛野川と言った。この川がカツラ川と呼ばれるようになった理由としては、まず葛野川の「葛」がカヅラとも読まれることを考えることができる。しかし、川の中流右岸付近がとくに「桂の里」と呼ばれるようになったことを踏まえると、次に示すように、桂川という呼称には、葛野坐月読神社の存在が大きく影響していたと考えることもできる。

中国では、高貴な香りがする桂は月にあると古来信じられていた。ちなみに、中国の桂は日本で言うモクセイのことをさし、日本の桂（カツラ）とは別物である。日本では、カツラにも芳香があることから、平安時代に誤ってこの植物に「桂」の字があ

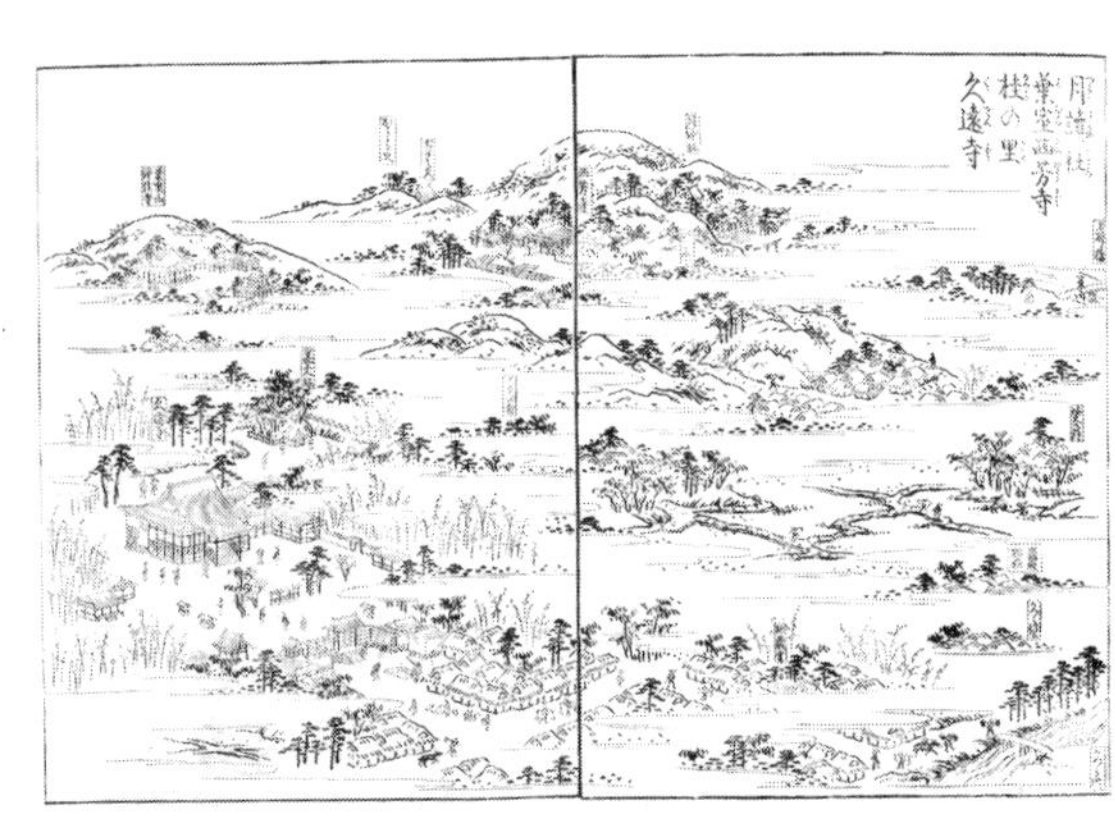

桂の里（江戸後期） 葛野坐月読神社の場所は中央上あたり。『都名所図会』より（国立国会図書館）

てられるようになったらしい。

他方、葛野川中流域には月神を祀る葛野坐月読神社が鎮座していた。そこでその一帯が月にたとえられ、月の桂にちなんで、土地が桂の里と呼ばれたり、川が桂川と呼ばれたりするようになったのだろう。

日本では月には若返りの霊水があると信じられていて、これを「月の変若水」と言った。『万葉集』にも月の変若水のことを詠んだ和歌がある。「月の変若水」信仰の源流は中国の神仙思想にあるとする説もあるが、ともかく、このこともあって、葛野坐月読神社のあたりが不老不死の神仙境のようにみられたことがあったのかもしれない。

『山城国風土記』逸文には「天照大神の命を受けて地上世界に降った月読尊が、桂の木に倚りかかりながら立った。そのため桂の里と名づけられた」という「桂の里」の地名起源説話がある。『山城名勝志』（1711年刊）に引用されているこの逸文については、奈良時代編纂の古風土記のものではないとする説が有力なようだが、それでもこの説話は、「桂の里」が月と関連づけられてとらえられてきたことを教えてくれる。このとき月読尊が降り立った地とは当然、葛野坐月読神社であり、かつてその境内には説話のもとになった桂の大木が植わっていたのかもしれない。

海人たちの月神信仰を摂取した京都盆地

記紀神話では、月神（月読尊、月読命、月夜見尊）は日の神天照の弟神ということになっているが、天照大神とは違って、神話内にはほとんど登場しない。また、この神を祭神とする神社は、天照大神のそれに比して、極端に少ない。山形県の月山（がっさん）神社は月読命を主神とし、東北にはこの分社が多いが、月山信仰は神仏混淆の山岳信仰に端を発し、祭神に月読命があてられたのは「月山」という山名にもとづくものであり、記紀神話の月神に直接由来するものではない。

このような状況にもかかわらず、山城国には、月神を祀る式内社（しきないしゃ）が、葛野坐月読神

月読神社（京田辺） 隼人舞の発祥地として知られる

社のほかに、月読神社（京田辺市大住池平）、樺井月神社（城陽市水主宮馬場）と、合わせて3つもある。

月神信仰は、とくに海人・漁民たちのあいだで広まっていたとみられている。月の満ち欠けは潮の干満に関係するため、船に乗る海人たちには月齢を読む習慣があったからだ。ツキヨミとは「月齢を読む＝数える」の意であり、したがって月読尊とは、正確に言えば、天体としての月の神格化ではなく、月の暦の神格化であった。

こうしたことからすれば、壱岐で崇拝された月神とは、たぶん壱岐の海人たちの信仰にルーツをもっているのだろう。先に挙げた月読神社、樺井月神社の場合は、鎮座

樺井月神社　元々は京田辺市大住に鎮座していたが、江戸時代に水主神社の境内に遷った

地が南九州の隼人（はやと）の移住地にあるので、南九州の海人たちの月神信仰にルーツがあると考えることができる。

　これらのことは、平安遷都以前から、京都盆地には各地から人びとが信仰を携えて移住してきていたことを物語る。記紀神話において月神の影が薄いことの要因には、記紀が編纂された時代には、月神信仰をもつ人びととの朝廷に対する影響力が弱かったことを考えることができよう。

　葛野坐月読神社は、現在はささやかな小社だが、その外見とは裏腹に、じつに深く濃い伝説と歴史を蔵しているのである。

謎多き丹後の名社

籠神社

――古系図に記された神話と豊受信仰の真実

丹後国の中心地に鎮座する名神大社

宮津湾に面する丹後半島の南岸は丹後国の国府が置かれていたとみられていて、宮津市国分には国分寺遺跡がある。このあたりが丹後国の中心地だったのだろう。この国分寺遺跡の東方に鎮座するのが、丹後国一の宮の籠神社である。その場所は成相山の南麓で、名勝天の橋立のちょうど付け根付近にあたる。

籠神社は『延喜式』「神名帳」の丹後国与謝郡条の筆頭に置かれる名神大社で、社伝にもとづけば、第10代崇神天皇の時代にはすでに存在していたという。祭神については諸説があり、歴史的に変遷があったとみられるが、本宮には現在、彦火明命が主祭神として祀られている。また本宮から北へ徒歩10分ほどの真名井原と呼ばれる地には磐座を御神体とする奥宮の真名井神社があり、こちらは豊受大神が主祭神となっている。

籠神社　「元伊勢籠神社」とも称される

社名「籠」の由来には諸説があるが、寛文10年（1670）成立の『籠大明神縁起秘伝』は、彦火火出見尊（山幸彦）が籠船に乗って龍宮に赴いたことにちなむと説明している。ニニギの子であるヒコホホデミが籠に乗って海神の宮に行ったというのは記紀にも見える有名な説話だが、籠神社では、記紀の所伝とは異なって、このヒコホホデミを主祭神彦火明命の異名または子としている。

籠神社については触れるべきことが数多くあるが、ここでは次の3つにしぼることにしたい。

ひとつ目は、籠神社に秘蔵されてきた貴重な宮司家の古系図について。2つ目は、伊勢神宮外宮（豊受大神宮）の元宮とする伝承について、そして3つ目は、伊勢神宮内宮の（皇大神宮）元宮のひとつとする伝承についてである。ただし3つ目は、他の神社も大きく関係してくる問題なので、本格的には次項で触れることにしたい。

宮司家の歴史を伝える貴重な『籠名神社祝部氏係図』

まずはひとつ目である。

籠神社の宮司は古代より現在に至るまで、海部氏（海部直）が連綿と継承してきた。海部氏は彦火明命を祖神とし、古代には丹波国造（丹後国が分立される以前の丹波国の首長）も務めた、丹後の大豪族である。

その海部氏の系譜を記録した貴重な古系図が、籠神社所蔵の国宝『海部氏系図』なのだが、これには2つがある。

ひとつは、『籠名神社祝部氏係図』（以下、『本系図』と略）である。

「祝部」とは神に仕える人のことで、たんに祝とも書く。ここでは神主家をさし、要するに海部氏のことである。

系図は紙を5枚、縦につないだもので、始祖神彦火明命の名と、彦火明命の3世孫（曾孫）だという倭宿禰命（やまとすくねのみこと）から海部田雄（たお）に至るまでの合わせて15人の名が縦に並んで記され、直線によって結ばれている。日本の系図には、このようなタテ系図の他に、ヨコ系図もあるが、タテ系図の方が歴史が古いとされている。

彦火明命は記紀にも現れる神で（天火明命（あまのほあかりのみこと）、火明命とも記される）、尾張（おわり）氏の祖神と

海部氏古系図

彦火明命―○―○―倭宿禰命―（略）―健振熊宿禰―海部都比

海部縣―海部阿知―海部力―海部勲尼―海部伍佰道―海部愛志

海部千嶋―海部綿麿―海部望麿―海部雄豊―海部田継―海部田雄

『籠名神社祝部氏係図』をもとに作成

伝えられているが、『古事記』と『日本書紀』神代下・第９段の一書第６・第８ではアマテラスの孫（ニニギの兄）、『日本書紀』同段正文と一書第２・第３ではニニギの子とされるなど、伝承によって神統にズレがみられる、位置づけの難しい神である。

系図末尾の海部田雄の名の下には祝としての在任期間が注記されているが、「従嘉」の２文字のみを残して欠損している。しかし、後述するもうひとつの古系図『勘注系図』との照合から、この箇所は「従嘉祥元年至貞観六年」と書かれていたと推測されている。つまり、海部田雄は嘉祥元年（８４８）〜貞観６年（８６４）に籠神社の祝を務めていた人物とみられる。

一方、巻首には「丹後国与謝郡従四位下籠名神」と書かれているが、籠神社の神階が従四位下であったのは貞観13年（８７１）から元慶元年（８７７）までだったことが、『続日本後紀』の記事からわかっている。

こうしたことから、『本系図』の成立年代を平安時代の８７１〜８７７年と推定することができる。用紙や書風などの点からも、この成立年代は支持されている。

系図の各祝の名前の上には印章によって「丹後国印」の４文字が刻印されていた。このことは、この『本系図』が、海部氏が作成して丹後国庁に提出して承認を受けた公的な文書であり、かつ写本ではなく原本であることを示している（正確に言えば、朝廷に提出した正本の写し）。『本系図』は、承和年間（834〜848年）の成立と推定される和気氏の系図『円珍俗姓系図』（天台宗寺門派総本山園城寺蔵）とともに、日本最古級の系図に数えられている。

『本系図』が公的なものであるからといって、記述がすべて史実に即しているとはかぎらない。しかしこの系図が、籠神社と同社に奉仕してきた海部氏の古い由緒を伝えていることは確かである。

もうひとつの古系図に記されていた天孫降臨神話

もうひとつの古系図は『籠名神宮祝部丹波国造海部直等氏之本記』で、『本系図』に詳細な注を加えた内容になっているため、一般に『勘注系図』と通称される。巻末の記載によれば、仁和年間（885〜889年）に海部稲雄らが修録した原本を海部勝千代が書写したもので、「極秘」に相伝すべきものであるという。

海部稲雄は『本系図』末尾に登場する田雄の次代とされる人物である。勝千代は永基とも称し、江戸時代の17世紀に籠神社の祝を務めた人物だ。したがって現存する

冠島（右）と沓島（左） 若狭湾に海没した「凡海の息津嶋」の名残りだという

『勘注系図』は、平安時代前期に書かれたとされる文書の江戸時代前期の写本ということになる。

『勘注系図』には、始祖から9世紀までの海部氏の系譜が、『本系図』では省略されていた人物も含めて記され、さらにこれに注記が加えられている。ことに興味を引くのは、巻首の彦火明命のところに付された注記で、そこにはおよそ次のようなことが書かれている。

「天押穂耳命（アマテラスの子）の第3子彦火明命は高天原にいたとき、大己貴神の娘をめとって天香語山命を生み、その後、伊去奈子嶽（籠神社の西方にある磯砂山のことか）に降臨。そしていったん高天原に戻ると、天祖（アマテラスのことか）から神宝（息津鏡と辺津鏡）を授かって

『丹波国に降り、この神宝を奉じて国土を造り治めよ』との命を受け、丹波国の凡海の息津嶋（籠神社東方の若狭湾にあったという島。冠島・沓島はその名残りだという）に再臨した。ところが大宝元年（701）、地震でこの島が海没したため、彦火明命は養老3年（719）に籠宮（現在の籠神社の地）に天降りした」

宮津湾　奥宮真名井神社付近から宮津湾側（天橋立）を望む

これは、彦火明命を祀る籠神社本宮の縁起譚となっている。養老3年に籠宮に天降りしたというのは、この年に奥宮真名井神社からはやや離れた現社地に本宮の社殿が建立されたことを表しているとみることができよう。

また、海部氏バージョンの天孫降臨神話になっている点も注目したい。さらに言うと、『勘注系図』には、天皇家の祖であるニニギを天押穂耳命の長子、つまり彦火明彦の兄とする記述もあるのだが、このことによって、海部氏と皇室との深いつながりが示されていることにも注目したい。

記紀には片鱗もみられない説話であるが、記紀は皇室の天孫降臨神話を重んじたがために、丹後降臨神話を排除したのだろうか。

もっとも、『勘注系図』に記されたこのような神話を、素直に記紀に匹敵しうる古伝とみなすことには慎重になる必要がある。

まず、若狭湾上の島が奈良時代に地震で海没したという点だが、『続日本紀』の大宝元年3月26日条には丹波国（この頃は丹後国は未分立）で3日間地震が続いたことが記録されていて、史料上は一定の信憑性をもつ。しかし、地学的には、この時代に島が海没するほどの地震があったことは確認されていない。

さらに、『勘注系図』には中世から近世にかけて述作されたものではないかとも言われる史料『丹後風土記残欠』のテキストが引用されているため、その原本の成立が平安時代であることを疑う説もみられるのだ。

豊受大神の原郷「丹波国の比治の真奈井」とする伝承も

2つ目のテーマは、籠神社を伊勢神宮外宮の元宮とする伝承である。

伊勢神宮は内宮（正称は皇大神宮）と外宮（正称は豊受大神宮）の2つからなり、内宮は皇祖神の天照大神を、外宮は天照大神の御饌（食事）を司る豊受大神を祀る。

このうち内宮の鎮座縁起については『日本書紀』に明確な記述がある。天照大神は古来、宮中で祀られていたが、その神威を畏れた第10代崇神天皇は、これを皇女豊鍬入姫命に託して、大和の笠縫邑に遷させた。次の垂仁天皇の時代には垂仁の皇女倭姫命が奉遷を担い、彼女はついに伊勢国に至ると、天照大神の託宣に従って祠を建てた。これが内宮のはじまりとされている。

ところが、外宮の鎮座については『日本書紀』には一切言及がない。『古事記』には、天孫降臨の場面で、ニニギの天降りに随従する神の1柱としてトヨウケ（登由宇気神）の名が挙げられた後に、「此は外宮の度相に坐す神ぞ」と書かれてあって、外宮鎮座のことが示唆されているのだが（「度相」は外宮鎮座地の郡名で、「度会」とも書かれる）、この一文は後世の書き入れではないかと疑われている。「外宮」は平安時代以降に現れる語だからである。

外宮の鎮座伝承として確かなものは、伊勢神宮側が編纂して延暦23年（804）

に朝廷に提出した『止由気宮儀式帳』の記述が最初となる。

これによると、第21代雄略天皇の夢枕に天照大神が立ち、「自分はひとりで苦しく、食事も安らかにできないので、丹波国の比治の真奈井にいる我が御饌都神、等由気太神を呼び寄せてほしい」と告げた。これに驚いた天皇は、ただちに丹波国から等由気太神を伊勢の度会の山田原に遷し、宮を建てて祀り、さらに御饌殿を建て、天照大神（内宮）に朝夕の御饌を奉った。

雄略天皇は5世紀後半に在位していたと考えられる実在性の高い天皇で、等由気太神は豊受大神のことである。つまり『止由気宮儀式帳』にもとづけば、「5世紀後半、内宮に鎮座する天照大神のお告げに従って、豊受大神が『丹波国の比治の真奈井』から呼び寄せられて『伊勢の度会の山田原』に遷された。これが外宮のはじまりである」ということになる。

「伊勢の度会の山田原」が現在の外宮の鎮座地（三重県伊勢市豊川町）をさしていることは言うまでもない。

では、「丹波国の比治の真奈井」はどこか。

この難問に対して、籠神社側は、丹波国から分立された丹後国の与謝郡真名井原こ

奥宮真名井神社　深閑とした森の中にある

そが「丹波国の比治の真奈井」であり、この地に鎮座して豊受大神を祀る奥宮真名井神社こそが伊勢神宮外宮の本社・元宮であると主張してきた。

　その証拠としてしばしば挙げられるのが、中世に流布した元伊勢伝説の典拠である『倭姫命世記(やまとひめのみことせいき)』である。この書物については次項で詳説するが、ここには、豊受大神の旧地が「丹波国与佐の小見(おみ)比治の魚井原(まいのはら)」（「比治を「比沼」とする写本もある）と書かれているのだが、「与佐」は与謝、「魚井原」は真名井原であり、これは与謝郡に属する籠神社の奥宮真名井神社にあたるというのである。

　同書には、崇神朝に豊鍬入姫命によって奉遷された天照大神は、一時大和を出て「丹波の吉佐宮(よさのみや)」に滞在し、天降ってきた豊受大神の御饗(みにえ)を受けたということも書かれているが、籠神社によれば、吉佐宮とは奥宮真名井神社の別称だという。この話は次項で詳述する元伊勢（内宮巡幸）伝説と関わってくるので、ここでは深入りしないが、外宮はもとより、内宮の元宮でもあるというのが、籠神社の主張なのである。

比沼麻奈為神社も「丹波国の比治の真奈井」の有力候補

この説に対しては異論もある。

たとえば、「丹波国の比治の真奈井」については、籠神社の西方約15キロの山中にある、比沼麻奈為神社（京丹後市峰山町久次）をあてる説もある。この神社は豊受大神を祀っていて、丹後国丹波郡の式内社「比沼麻奈為神社」（「沼」を「治」とする写本もある）に比定されている。また、『丹後国風土記』逸文の「奈具社」条（『古事記裏書』他所引）には「丹後国丹波郡。郡家の西北の隅の方に比治里あり。此の里の比治山の頂に井有り。其の名を真奈井と云ふ。今は既に沼と成れり」とあるが、比治山は現在の比沼麻奈為神社の西にそびえる久次岳のことと言われていることも、「丹波国の比治の真奈井」＝比沼麻奈為神社説の有力な傍証となっている。

とはいえ、伊勢の外宮の祭神が丹波（丹後）から呼び寄せられたことは、神宮側の

比沼麻奈為神社　伊勢神宮同様、社殿は神明造である

古伝に書かれていることであり、丹後の地のどこかに、外宮の元宮が存在することは確かなことなのだろう。

謎は尽きないが、このような伊勢と丹後の関係を背景として、伊勢神宮外宮の御饌殿では、天照大神に御饌を朝夕の2度調進する「日別朝夕大御饌祭（ひごとあさゆうおおみけさい）」が現在も日々行われている。これは、丹波の御饌都神豊受を迎えてほしいという天照大神の夢告に淵源をもつ厳粛な神事である。

丹後の内宮・外宮

皇大神社（こうたいじんじゃ）と豊受大神社（とようけだいじんじゃ）

——丹波元伊勢伝説の原点を探る

福知山市
大江町内宮（ないく）／
大江町天田内（あまだうち）

『日本書紀』に記された皇女たちによるアマテラスの奉遷

前項で少し触れたが、鎌倉時代の成立とみられる『倭姫命世記』という神道書がある。『日本書紀』に天照大神を大和から伊勢に奉遷した女性として記されている垂仁天皇の皇女倭姫命の一代記を中心とするかたちで、伊勢神宮（内宮・外宮）の鎮座伝承を記したものだ。奈良時代に編纂されたという体裁になっているが、実際には伊勢神宮外宮の祠官度会（わたらい）氏によって鎌倉時代に編まれたものと考えられており、外宮が主導した中世伊勢神道の根本教典「神道五部書」のひとつに挙げられる。

同書の内容を詳述する前に、まず『日本書紀』に記された伊勢神宮（内宮）の鎮座伝承をおさらいしておこう。

第10代崇神天皇は三輪山西麓の磯城瑞籬宮で治政をとったが、疫病が流行して国が不穏になると、それまで宮中で祀っていた天照大神の神威をひどく畏れるようになり、皇女豊鍬入姫命に命じて、この神を宮中から大和の笠縫邑に遷し祀らせた。この遷祀の実際は、『日本書紀』にはっきり書かれているわけではないが、天照大神の御霊代である八咫鏡を奉遷するかたちをとったと一般には解されている。

次の垂仁天皇は、同天皇25年、天照大神（の御霊代である八咫鏡）を豊鍬入姫命から離して、自身の皇女倭姫命に託した。すると倭姫命は天照大神が鎮座するにふさわしい土地を求めて遍歴をはじめ、

伊勢神宮の大鳥居　宇治橋の外と内に立つ（三重県伊勢市）

菟田(うだ)をへて近江国(おうみのくに)に入り、次に美濃国(みののくに)をめぐり、伊勢国に至った。そして天照大神の神示に従って祠(やしろ)を建て、斎宮(いつきのみや)を五十鈴川(いすずのかわ)のほとりに興したという。一般的には、伊勢国に建てられたという「祠」が八咫鏡を御神体として天照大神を祀る伊勢神宮内宮の起源と解されている。

『倭姫命世記』によって増幅した「元伊勢」遍歴ルート

今記したように、『日本書紀』では神鏡を奉じた皇女たちが遍歴したルートは大和→近江→美濃→伊勢で、巡幸先として挙げられている地名はさほど多くはない。

ところが、『倭姫命世記』になると遍歴ルートが大幅に拡大し、磯城瑞籬宮を発ってから伊勢神宮に至るまでに、約90年かけて25もの宮を巡幸している。列挙してみよう（御室嶺上宮(みむろのみねのうえのみや)までは豊鍬入姫命が巡幸、そこから先は倭姫命が巡幸）。

磯城瑞籬宮（大和国）→笠縫邑→吉佐宮（丹波国）→伊豆加志本宮(いつかしのもとのみや)（大和国）→奈久佐浜宮(なくさのはまのみや)（紀伊国(きいのくに)）→名方浜宮(なかたのはまのみや)（吉備国(きびのくに)）→御室嶺上宮（大和国）→宇多秋宮(うだのあきのみや)→佐佐波多宮(ささはたのみや)→市守宮(いちもりのみや)（伊賀国(いがのくに)）→穴穂宮(あなほのみや)→敢都美恵宮(あえとみえのみや)→甲可日雲宮(こうかのひくものみや)（近江国）→坂田(さかたの)

宮→伊久良河宮（美濃国）→中嶋宮（尾張国）→桑名野代宮（伊勢国）→奈其波志忍山宮→藤方片樋宮→飯野高宮→佐佐牟江宮→伊蘇宮→滝原宮→矢田宮→家田田上宮→奈尾之根宮→五十鈴宮（内宮）

笠縫邑から奈尾之根宮にいたる巡幸地は、「伊勢神宮（内宮）の元宮」という意味で「元伊勢」と呼ばれ、それぞれの伝承地には古い神社が鎮座している。

もっとも、豊鍬入姫命も倭姫命も多分に伝説色が濃い人物であり、彼女たちが現実にこのルートを巡歴したとは考えにくい。

すでに延暦23年（８０４）に内宮が編纂した『皇太神宮儀式帳』において、倭姫命の巡幸先は『日本書紀』よりいくらか追加されていた。したがって、『皇太神宮儀式帳』の延長線上に『倭姫命世記』があると言える。しかし、これほどまでに巡幸先が増えたことを、すべて『倭姫命世記』編述者の創作として片づけることはできない。

伊勢神宮は古代から伊勢周辺に神領を有していたが、中世からは御厨と呼ばれる所領を全国各地に増やしていった。こうしたところでは、皇女たちの巡幸伝承と融合した起源伝承が語られていたのではないだろうか。「神宮の所領であるのは、この地に天照大神を奉遷した豊鍬入姫命・倭姫命が滞在したからである」というような縁起譚の形成である。あるいは、神宮側がそんなふうに喧伝することがあったかもしれない。このような神宮とゆかりのある土地にまつわる古伝承を包摂・集積して成立したのが、『倭姫命世記』だったのではないだろうか。

丹波の元伊勢「吉佐宮」を籠神社とする説

『倭姫命世記』によれば、豊鍬入姫命は大和の笠縫邑の次は、いきなりはるか北方の丹波の吉佐宮に遷り、ここに4年留まっているのだが、重要なのは、このとき豊受大神が宮に降臨して天照大神に御饗を奉ったことを『倭姫命世記』が付記している点だ。ここは、のちの雄略天皇の時代に豊受大神が天照大神の御饌のために丹波から伊勢に迎えられて外宮に祀られることの伏線になっている。

この吉佐宮の伝承地が、前項でも触れたように、籠神社の奥宮真名井神社なのだ。神社側の説明によれば、奥宮真名井神社の古称は匏宮で、吉佐宮とも書かれたのだという。また、真名井神社は奈良時代に丹波国から分立された丹後国の与謝郡に所在するが、与謝郡という郡名も真名井神社の古称ヨサに由来するのだという。現在、奥宮真名井神社の西座（「日之小宮」と称される）には、吉佐宮とのゆかりを伝えるように、天照大神が祀られている。

さらに『倭姫命世記』によれば、雄略天皇21年に倭姫命の夢に天照大神が現れ、「丹波国与佐の小見比治（比沼）の魚井原」に祀られている豊受大神を御饌都神として伊勢に迎えよとの神示が下った。これに従って、翌雄略天皇二十二年、豊受大神は伊勢国度会の山田原に迎えられ、豊受太神宮（外宮）が創祀されたのだという。

前項で詳述した平安時代の『止由気宮儀式帳』にみえる雄略天皇が受けた夢告に似るが、夢告を受けたのが雄略ではなく倭姫命に（この時点で彼女の年齢は５００歳を超えていた勘定になる）、豊受大神の旧地が「丹波国の比治の真奈井」ではなく「丹波国与佐の小見比治の魚井原」になっている点が、大きな違いである。

問題は「丹波国与佐の小見比治の魚井原＝丹波国の比治の真奈井」の場所だが、「丹波国」の「与佐＝吉佐」という接点からすると、豊受大神とゆかりのある丹後（旧丹波）国与謝郡の吉佐宮と同じか、その近辺ということになる。

事実、籠神社では、これも既述したように、吉佐宮の旧蹟である奥宮真名井神社は、豊受大神の原郷「丹波国与佐の小見比治の魚井原」の旧蹟でもあると唱えてきたのだ。

大江山の麓にある吉佐宮伝承地、皇大神社

しかし、吉佐宮の伝承地には他にも有力な候補がある。

それが皇大神社と豊受大神社で、いずれも酒呑童子伝説で有名な丹後地方の最高峰、大江山（標高832メートル）の近くにある。

まず皇大神社から紹介すると、場所は福知山市北東の山間部で、大江山連峰の南端にある宮山に鎮座している。古くは加佐郡大江町に属したところだ。西側の裾野を宮川が流れているが、この川は丹波高地を北流して日本海に注ぐ由良川の支流である。

茅葺神明造の本殿に天照大神を祀り、元伊勢内宮、元伊勢皇大神宮とも称している。脇宮には天手力雄命・栲機千々姫命を祀り、80

皇大神社　古式に則った黒木の鳥居が印象的

の小宮が本殿と脇宮を囲む。

古い史料にこの神社を吉佐宮の旧跡とするものは見当たらないが、近世にはたんに「内宮」とも呼ばれ、後述する豊受大神社（外宮）と合わせて、元伊勢参りの参詣者で大いににぎわった。由良川の水運を利用すると比較的楽に参拝できるため、その信仰は丹後・丹波一円以外にも広まっている。

本殿側からみて宮川の対岸には、神体山の日室ヶ岳（ひむろがだけ）がそびえている。標高は４２７メートルでさほど高い山ではないが、原生林に覆われ、ピラミッド型の美しい山容をもつ。禁足地であるため登ることはできないが、山頂には磐座（いわくわ）があり、倭姫命の居住地跡とする伝承がある。本殿側から仰ぐと、夏至の日には太陽はこの山の頂上の向こうに沈み、太陽神としての天照大神が降臨する様を思わせる。

日室ヶ岳　皇大神社から天岩戸神社に向かって約200メートルのところに遥拝所がある

天岩戸神社（丹後） 登拝するためには備え付けの鎖で崖を登る必要がある

日室ヶ岳の下を流れる宮川をしばらくさかのぼると、「天岩戸（あまのいわと）」と呼ばれる渓谷がある。流れをふさぐようにして巨岩があり、岩の上部の平坦なところに神が降臨したと言われ、御座石（みくらいし）と呼ばれる。これを御神体として、岩壁にへばりつくようにして天岩戸神社の本殿が鎮座している。神秘的で幽玄な景観である。

天照大神がこもった天岩戸の伝承地としては、宮崎県高千穂町の天岩戸神社が有名だが、丹後の天岩戸神社も古くから神話の霊跡として崇敬されていたらしく、皇大神社・豊受大神社とあわせて元伊勢三社と呼ばれている。

皇大神社を取り巻くこれらの霊跡は、天照大神の原郷としての元伊勢にふさわしい神気を醸成している。

伊勢外宮の元宮と伝えられる豊受大神社

皇大神社から宮川沿いに4キロほど下ると、豊受大神社に至る。こちらは南北にのびる舟形をした舟岡山の上に鎮座し、豊受大神を祀る。元伊勢外宮とも称し、近世にはたんに外宮とも呼ばれた。

豊受大神社（丹後）　社地の舟岡山を巨大古墳とみる説がある

皇大神社が天照大神ゆかりの吉佐宮の旧蹟とされるのに対し、豊受大神社は、豊受大神の原郷である「丹波国与佐の小見比治の魚井原（丹波国の比治の真奈井）」の旧蹟と伝えられてきた。つまり、内宮ではなく外宮版の元伊勢である。したがって、皇大神社と豊受大神社はペアのような関係になっている。これは、籠神社では奥宮真名井神社一社を内宮・外宮両方の元伊勢に位置づけているのとは対照的である。

ただし、近世の地誌『丹後風土記』には、豊受大神社について「此地を与謝の比沼ノ魚井原といへり、真井とも。与謝宮と云」と書かれているので、この神社を吉佐宮の旧蹟とする伝承もみられたらしい。

大木がしげる山内に建つ本殿は皇大神社と同じく茅葺神明造で、これをあまたの別宮・末社が囲む。平成30年（２０１８）には強風雨により社殿が大きな被害を受けたが、崇敬者の支援を得てほどなく本殿は修繕され、見事に甦った。境内には元伊勢外宮にふさわしい神さびたる清冽な気が漂う。

与謝里・皇大神社・伊勢神宮を結ぶ冬至日の出ライン

皇大神社・豊受大神社を元伊勢とする説への批判もある。

よく言われるのは、吉佐宮も「丹波国与佐の小見比治の魚井原」も丹後国の与謝郡に所在するはずなのに、皇大神社も豊受大神社も加佐郡に属している、だから両社が元伊勢であることはありえない、というものだ。

これに対しては、次のような反論がある。

豊受大神社の近くに常光寺という曹洞宗寺院があるが、この寺院所蔵の正徳元年（1711）在銘の梵鐘には、常光寺の所在地が「丹後国与謝郡」と記されている。ということは、このあたりは、近世までは加佐郡ではなく与謝郡に属していたことになる。つまり、郡界には変遷があったらしいから、皇大神社・豊受大神社が古代には与謝郡に属していたと考えても問題ない、という主張である。

与謝郡の郡名の発祥地と皇大神社の位置関係に注目した、ユニークな反論もある。神道学者で皇大神社の宮司も務めた小野祖教氏が唱えたもので、要約すると次のようになる（「元伊勢両宮　但波乃吉佐宮　与佐之小見比沼之魚井原宮の研究　吉佐宮篇」、『神道研究紀要』1983年号・1984年号所収）。

「与謝郡の郡名の発祥地は与謝里（現在の与謝郡与謝野町与謝）だろう。与謝里は、丹波から加悦街道を通って与謝峠を越えて最初に出る里で、大江山北西麓に位置する草深い山里である。

地図上で、この与謝里から東南東の方向に直線を延ばしてゆくと、大江山（千丈ヶ岳）、日室ヶ岳、皇大神社（宮山）がほぼ一直線上に並んでいる。

じつは、冬至の日の朝には、与謝里から見ると、大江山の方向から、つまりこの直

与謝里・大江山・皇大神社・伊勢神宮の関係図

小野祖教氏の論文より

線の方角から太陽が昇る。しかも、この直線を東南東にずっとのばしてゆくと、なんと伊勢神宮の外宮を通って内宮につきあたる。

この並びはとても偶然とは思えない。おそらく、日の神を崇めていた古代の与謝里の人びとは、冬至の日の出ライン上にある日室ヶ岳や宮山の森を日神の神域として聖地視していた。だから、丹波国に巡幸した天照大神をその神域に祀ったのであり、これが吉佐宮＝皇大神社の起源である」

吉佐宮という名称は、ヨサの地に営まれたことに由来するのではなく、ヨサ（与謝里）の人びとによって祀られたことに由来する、というところがポイントだろう。史料ではなく自然地形・地理に依拠した論証だが、伊勢神宮との位置関係も含めて、斬新な仮説である。

麻呂子親王伝説とも結びつく皇大神社・豊受大神社

皇大神社・豊受大神社を元伊勢とは別の伝説に結びつける説もある。丹後地方には、用明天皇の第3皇子で、聖徳太子の弟にあたる麻呂子親王が勅命によって三上ヶ嶽（大江山連峰の一角とされる）に棲む鬼を退治したという伝説が伝えられている。中世には流布していたもので、大江山の酒呑童子鬼退治伝説はこれに影響を受けて形成されたものではないか、とする刺激的な説もある。

宝暦13年（1763）成立の地誌『丹後州宮津府志』は、この麻呂子親王伝説を踏まえつつ、「豊受大神社は皇大神社とともに、麻呂子親王が伊勢から勧請したもので、吉佐宮ではない」とする説を紹介している。つまり、皇大神社・豊受大神社は、鬼退治の祈願のために、あるいは祈願成就の報賽として、麻呂子親王が伊勢から大神たちを遷し祀ったのが起源であるというのである。

いずれにしても、京都府北部の山あいを流れる宮川の流域にいつのころからか天照大神と豊受大神への信仰が育まれてきたのは事実だろう。そしてこの信仰の広まりに、皇大神社と豊受大神社が大きな役割をはたしてきたこともまた事実なのである。

浦島伝説の源泉

浦嶋神社（宇良神社）

——ユートピアとつながる丹後王国の秘史

与謝郡伊根町
本庄浜

『日本書紀』に登場する浦島太郎のモデル、浦嶋子とは

丹後とゆかりの深い有名な伝説といえば、浦島伝説を忘れてはならない。
「浦島太郎は亀を助けたお礼に龍宮城へ招かれ、乙姫と夢のような日々を送る……」という物語は、昔話として人口に膾炙しているが、この物語は丹後国（丹波国）の水江浦嶋子にまつわる伝説をモデルとしたもので、伝説の由緒はきわめて古い。

浦嶋子のことはすでに『日本書紀』や『万葉集』に言及されているが、ここでは『日本書紀』を取り上げてみよう。同書の雄略天皇22年（478）7月条には、次のように書かれている。

「丹波国余社郡管川の人水江浦嶋子、舟に乗りて釣し、遂に大亀を得たり。便ち女に化為る。是に浦嶋子、感でて婦にし、相遂ひて海に入り、蓬萊山に到り、仙衆に歴り観る。語は別巻に在り」

余社郡とは与謝郡のことで、和銅6年（713）以降は丹波国から離れて丹後国に属することになる地域である。管川は丹後半島北東部を流れる筒川流域のことで、現在の与謝郡伊根町北部（旧筒川村付近）にあたる。この地に暮らす浦嶋子が釣り上げた亀が、不思議なことに若い女性と化したので、これを妻として一緒に海の彼方に向うと、蓬萊山（常世国、神仙境）に着

浦嶋子像　京丹後市網野町にある島児神社に立つ

き、神仙たちと出会った、というのだ。『日本書紀』ではこれらのことが、物語ではなく、あくまでも雄略朝に生じた史実として記録されているところが興味深い。

ごく短い記述だが、注目したいのは、嶋子が赴いたのは龍宮城ではなく蓬莱山となっていることだ。蓬莱山を「ほうらいさん」と音読みすれば、そこは、中国の民族宗教である道教（どうきょう）において中国中原（ちゅうげん）からみて東海の彼方に浮かんでいると信じられた、不老不死の神仙たちが暮らす楽園のことである。したがって浦嶋子譚には、中国の道教・神仙思想の影響をみることができる。

ちなみに、嶋子が丹波から旅立った雄略朝という時代は、『止由気宮儀式帳』によれば、豊受大神が丹波から伊勢に招かれて外宮が創立された時代でもある。このことは浦嶋子伝説と外宮創祀とのあいだに何らかの関係があることをにおわせている。

『丹後国風土記』に詳述される浦嶋子伝説

次に注目したいのは、嶋子が異郷に遊んだのち故郷に戻るくだりがないことだ。つまり、話の発端だけで終わっている。ただし『日本書紀』は、「この物語は別巻に書かれている」と付記していて、嶋子についてより詳しく書かれた書物が存在していることが示されている。

その「別巻」は確認されていないが、これに非常に近い内容をもっていると考えられているのが、『丹後国風土記』（奈良時代初期成立）逸文の浦嶼子条（『釈日本紀』所引）である。

ここではまず、浦嶋子（原文では浦嶼子となっているが、わかりやすくするために浦嶋子で統一する）が日下部首の先祖であることが説かれている。日下部氏は、第9代開化天皇の皇子彦坐王を祖とする氏族である。彦坐王は、『古事記』では崇神朝に四道将軍のひとりとして丹波に遣わされているが、『日本書紀』では丹波に派遣されたのは彦坐王の子の丹波道主命となっている。いずれにしろ、嶋子は丹波とゆかりの深い王族の末裔ということになる。浦島太郎というと漁村でつつましく暮らす純朴な若い漁師をイメージしがちだが、オリジナルでは、地方豪族の貴公子であった。

前置きの後は、洗練された短編小説のようなストーリーが語られてゆく。『日本書紀』のそれと大きく異なるのは、蓬莱山に着いてからのことが詳述されている点だ。

亀を化身とする神仙の乙女と結ばれた嶋子は蓬莱山で歓楽の日々を過ごすが、3年たつと郷里が恋しくなり、帰郷を決意する。別れを惜しむ乙女は嶋子に玉匣（美し

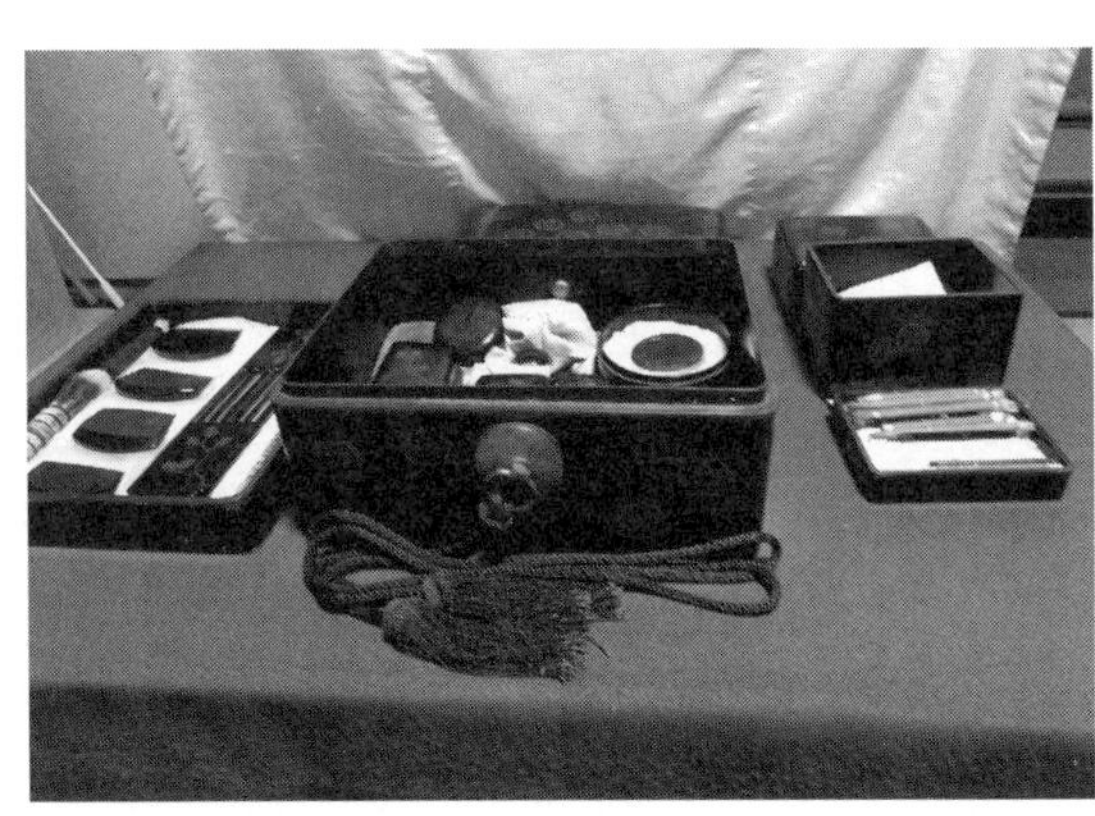

玉手箱（玉櫛笥） 浦嶋子に乙姫が授けたものとして浦嶋神社に伝えられている

い化粧箱）を与え、「私と再会したいと思うのなら、この箱を決して開けて見ないでください」と伝える。

しかし故郷の筒川に帰ってみると、人も光景もすっかり変わっている。村人に「浦嶋子の家族はどこにいるのか」と尋ねると、こんな答えが返ってきた。

「古老が言うには、遠い昔に浦嶋子という者がいたが、海に出て行方不明になってしまった。今から300年ほど前のことだそうだ。どうしてそんなことを聞くのか」

嶋子は呆然とするが、やがて玉匣を撫でながら乙女のことを偲びはじめる。そしてつい約束を忘れて、玉匣を開けてしまった。

すると何が起こったか。原文（訓読文）には「瞻（み）ざる間（ま）に、芳蘭（かぐは）しき体（かたち）、風雲（かぜくも）に率ひて蒼天に翻飛けりき」と記されている。瞬く間に「芳蘭しき体」が風雲とともに天空に飛んで行ってしまったというのだ。

「芳蘭しき体」については、嶋子の若々しい肉体とする説、乙女の魂とする説などがあって、解釈に議論がある。定めがたいところだが、よく知られているように、後年の浦島伝説では、この場面は「玉手箱を開けると紫煙が立ち上り、浦島太郎はたちまちのうちに白髪の老人になってしまった」と変容している。

『丹後国風土記』に話を戻すと、玉匣を開けて約束を破ってしまったことに気づいた嶋子は、もう乙女と再会することはできないと悟り、悲嘆にくれたという。

伊預部馬養の浦嶋子伝が伝説のプロトタイプか

この『丹後国風土記』逸文の浦嶼子条の冒頭付近には、「この話は、前国守の伊預部馬養が記したものと同じである」と記されている。伊預部馬養は持統・文武朝（686〜707年）に活躍した官人で、『大宝律令』撰定に関わり、丹波国司も務めた人物だ。つまり、『丹後国風土記』が編纂される以前に（おそらく飛鳥時代に）、馬養の手にかかる浦嶋子伝が成立していて、『丹後国風土記』編述者はこれを参照して、

竜宮城　浦嶋子を祀る島児神社から望む丹後半島沖の日本海。竜宮城はこの彼方か

浦嶼子条をまとめたということになる。

馬養による浦嶋子伝は早くに散逸してしまったらしく、現存しない。しかし、これを『日本書紀』の浦嶋子伝で言及されている「別巻」のこととみる説があり、さらに「伊預部馬養による浦嶋子伝」を浦嶋子伝説のプロトタイプとみる説もある。

では、馬養自身は何をもとに浦嶋子伝を書いたのだろうか。普通なら、「丹波国司時代に丹後に伝えられていた浦嶋子説話を聞き知り、それを採録したのでは」と考えるところだろう。しかし、馬養の浦嶋子伝とほぼ同じ内容をもつとみられる『丹後国風土記』逸文の浦嶋子伝が、中国の道教・神仙思想の影響が濃厚で、かつ小説風の伝奇性に富んでいること、馬養が教養の高い優れた文人であったことなどを考えあわせると、馬養の浦嶋子伝が彼による純然たる創作であった可能性も否定できない。

つまり、浦嶋子伝説のプロトタイプは、飛鳥時代の第一級の知識人の手になるフィクション、小説ではないのか、ということだ。

浦嶋神社創建年は浦嶋子が帰郷した年だった

しかし、先にも触れたように、史書である『日本書紀』は浦嶋子のことを雄略朝の記事に採録している。したがって、少なくとも8世紀初頭成立の『日本書紀』の編述者は、浦嶋子伝説（馬養による浦嶋子伝）をフィクションではなくノンフィクションとして、浦嶋子を架空の人物ではなく、実在の人物として認識していたことになる。

ここで目を伝説の舞台である丹後地方に向けると、そこには、浦嶋子が実在したことを訴えかけるかのように、彼を祀る神社や彼にゆかりをもつ神社が分布している。そうした神社の代表格が浦嶋神社だ。

浦嶋神社は、筒川が日本海に流れ込む河口に近い、本庄浜（ほんじょうはま）の西端に鎮座する。現在の社地は田んぼや山林に囲まれていて海を望むことはできないが、かつては東側が入り江状になっていて、海水が迫っていたという。

浦嶋神社　浦島伝説関係の社宝を多く伝える

浦嶋子を祭神とし、丹後国与謝郡の式内社宇良神社に比定されている。

社伝は、天長2年（825）に淳和天皇の命にもとづいて創祀されたとしている。

この「天長2年」は、じつは浦嶋子伝説では非常に重要な年である。というのも、この年に浦嶋子が丹後に帰郷したという伝承があるからだ。

たとえば、鎌倉時代初期成立の説話集『古事談』の巻第1には、「淳和天皇の天長2年に浦嶋子が船に乗って故郷に帰って来た」と明記されている。嶋子が天長2年に帰郷したことは、12世紀末成立の歴史物語『水鏡』や14世紀前半成立の仏教通史『元亨釈書』などにも言及がある。

彼が故郷を旅立ったのは雄略天皇22年＝478年だから、347年ぶりの帰還ということになる。『丹後国風土記』逸文の浦嶋子伝では、彼が蓬莱山の御殿で夢のような日々を過ごしている間に、俗世では300余年の歳月が過ぎていたことになっているが、それよりはやや多めの年数ではある。

もちろん、このとき本物の浦嶋子が丹後の海岸に上陸したわけではなかろう。しかし、こうした帰郷伝承と浦嶋神社の創祀は、いったいどんな関係にあるのだろうか。

浦嶋神社の宮嶋淑久（よしひさ）宮司に伺ったところ、こう教示してくれた。

「雲龍山（現在の浦嶋神社の西側にそびえる標高358メートルの山）の麓に浦嶋子を祀る社（やしろ）が古くからあったが、道教に関心があって浦嶋子伝説にも興味をもっていた淳和天皇が、それを現在の場所に遷させた。その年が、天長2年だったのではないかと考えています」

そうすると、天長2年は、浦嶋神社が創祀された年というよりは、社地をやや移して本格的な社殿が創建された年ということになる。ということは、雲龍山の麓にあったと考えられる社を浦嶋神社の原型とすると、浦嶋神社のルーツは天長2年よりもずっとさかのぼりうることになる。そしてこの天長2年という社殿創建年が、後年には「異界で300年以上を過ごした浦嶋子が帰郷した年」とも信じられ、伝えられるようになっていったのではないだろうか。

長命を保った浦嶋子を平安朝廷は偶像化した

３００年以上の長寿を保ったという浦嶋子の伝説は、平安時代前期には都の貴族たちのあいだにかなり流布し、嶋子は長命祈願の対象としてなかば偶像化されていた。

淳和天皇の次の仁明(にんみょう)天皇の話になるが、『続日本後紀(しょくにほんこうき)』嘉祥(かしょう)２年（８４９）３月26日条には、四十賀(しじゅうのが)を迎えた仁明天皇のために、興福寺の僧侶が浦嶋子像を奉り、嶋子を題材とした祝賀の長歌を奉献したことが記録されている。四十賀とは40歳時に行う長寿を祈る祝賀のことで、平均寿命の短いこの時代にあっては、40歳を無事に迎えられたというのはたいへんめでたいことであり、幸運なことであった。

淳和朝の正史『日本後紀』によれば、天長2年11月28日には、淳和天皇の異母兄である嵯峨(さが)上皇の四十賀が催されている。じつは淳和帝は上皇と歳は同じで、彼もまたこのとき40歳であった。天長2年の四十賀の詳細については情報がないが、このとき、仁明天皇の場合と同じように、浦嶋子にあやかろうとする長命祈願が行われた可能性はあるだろう。

浦嶋子帰郷伝承や浦嶋神社創建の背景には、このような、長寿を祈念する平安朝廷による浦嶋子の神格化もあるのではないだろうか。

丹後半島に分布する浦嶋子ゆかりのスポット

浦嶋神社は、平安時代に書かれたとされる『続浦嶋子伝記』の鎌倉時代の写本（1294年書写）、14世紀前半に描かれたとみられる美麗な絵巻『浦嶋明神縁起』（重要文化財）、乙姫の玉手箱（玉櫛笥）と伝えられるものなど、多くの貴重な社宝を所蔵して、浦嶋子伝説を今に伝えている。

龍穴　北側にある海岸の洞窟に出ると言われる

そして近辺には、嶋子が遊んだ龍宮に通じる穴と伝

網野神社　3箇所に祀られていた祭神が享徳元年（1452）に合併奉遷されたと伝えられる

えられる「龍穴」、嶋子が開けた玉匣から立ち上った雲が棚引いて化したものと伝えられる「布引の滝」、嶋子の両親を祀る大太郎嶋神社、嶋子の叔父にあたるという曽布谷次郎や今田三郎の屋敷跡など、浦嶋子とのゆかりを伝える史跡・神社が点在している。

　また、やや距離を置くが、丹後半島北側の付け根のあたりに鎮座する網野神社（京丹後市網野町網野）も浦嶋子伝説の重要な伝承地で、嶋子はこの地の住人で、ここから海へ出たという伝承もある。祭神は彦坐王・住吉神・浦嶋子である。社地付近にあった入り江を水江と言ったが、時に浦嶋子の名前に冠せられる「水江」の称は、これをさしているとも考えられる。近くの海辺の小丘上には、やはり浦嶋子を祭神とする島児（しまこ）神社もあり、嶋子が釣をしたのはこのあたりだと伝えられている。

　このような、伝説の舞台となった神社や土地をたどりながら丹後半島をめぐってゆくと、浦嶋子伝説がリアルで生き生きとしたものとして感じられてくる。

　丹後の土地は肥沃である。そして舟を操れば、丹後の人びとは、日本海を介して日本国内だけでなく国外とも比較的容易に交通し、交易・交流を続けることができた。異文化圏から移住してきた人も多くいたことだろう。海上のユートピアが描出された浦嶋子伝説には、そんな丹後の豊潤な風土が反映されているのである。

　浦嶋子が招かれた海の彼方にあるという「蓬莱山」の古訓は先に記したように「とこよのくに」だが、かつて民俗学者の折口信夫（おりくちしのぶ）は「妣（はは）が国・常世（とこよ）へ」という有名な論考の中で、とこよ＝常世を『古事記』神話に記される「妣が国」と同一視し、「『妣が国』は、われわれの祖たちの恋慕した魂のふる郷であったのであらう」と書いている。

　この見方にならえば、妣が国へ向かう旅の港となった京都の極北の地は、日本人の魂の故郷とつながっていることになろうか。

［京都神社のツボ④］

野宮

——原初の神社の残影

天照大神を祀る伊勢神宮に奉仕した最高位の巫女を斎宮と言う。豊鍬入姫命（第10代崇神天皇皇女）、倭姫命（第11代垂仁天皇皇女）ら伝説的な皇女が祖に位置づけられる斎宮は、天皇の代替わりにあわせて、未婚の皇女（内親王）が占いによって選定されるのが原則であった。天皇の名代として神に仕えることから、伊勢に赴く前に長期の潔斎生活を送ることが課せられた。

平安時代の例をみると、卜定された斎宮はまず平安宮（大内裏）内に設けられた初斎院で潔斎したのち、9月頃に「野宮」に入り、ここで1年ほど身を清めて過ごす。

野宮は平安宮外の浄野に設営され、斎宮が潔斎を終えて伊勢に向かうと除却された。場所は斎宮ごとに卜定されるので一定しない。質素な造りであったらしく、『源氏物語』「賢木」帖に描かれた野宮には黒木の鳥居があり、原初的な神社の姿をしのばせている。

平安時代の野宮の旧蹟としては、西四条の西院野々宮神社と嵯峨野の野宮神社がある。後者には現在も黒木の鳥居があり、野宮の遺風を伝えている。

主要参考文献

小島憲之ほか校注『新編日本古典文学全集　日本書紀』（全3巻）小学館／坂本太郎ほか校注『日本書紀』（全5巻）岩波文庫／西宮一民校注『新潮日本古典集成　古事記』新潮社／中村啓信監修・訳注『風土記』（全2巻）角川文庫／國學院大學日本文化研究所編『縮刷版　神道事典』弘文堂

海部光彦『元初の最高神と大和朝廷の元始』おうふう／海部光彦編著『元伊勢の秘宝と国宝海部氏系図　改訂増補版』籠神社／石田敏『安曇川と筏流し』／泉谷康夫『記紀神話伝承の研究』吉川弘文館／井上光貞『日本古代国家の研究』岩波書店／井上頼寿『改訂　京都民俗志』平凡社東洋文庫／上田正昭『神道と東アジアの世界』徳間書店／梅原猛『京都発見　一　地霊鎮魂』新潮社／梅原猛『京都発見　四　丹後の鬼・カモの鬼』新潮社／大阪府神社庁編著『伊勢の神宮』和泉書院／大隅和雄校注『中世神道論　日本思想大系19』岩波書店／大和岩雄『秦氏の研究』大和書房／丘眞奈美『松尾大社　神秘と伝承』淡交社／沖森卓也ほか編著『古代氏文集』山川出版社／金久与市『古代海部氏の系図〈新版〉』学生社／賀茂御祖神社編『賀茂御祖神社』淡交社／

京都市編『京都の歴史　1　平安の新京』学芸書林／久保田収『八坂神社の研究』臨川書店／現代神道研究集成編集委員会編『現代神道研究集成　4　祭祀研究編1』神社新報社／式内社研究会編『式内社調査報告　第一巻』皇学館大学出版部／新谷尚紀編『京都異界に秘められた古社寺の謎』ウェッジ／谷川健一編『日本の神々　第五巻　山城・近江』白水社／谷川健一編『日本の神々　第七巻　山陰』白水社／中村修『乙訓の原像・続編』ビレッジプレス／松前健『日本神話の形成』塙書房／三橋健編『日本書紀に秘められた古社寺の謎』ウェッジ／三橋健編『古事記に秘められた聖地・神社の謎』ウェッジ／三宅和朗『古代の神社と祭り』吉川弘文館／山折哲雄編『稲荷信仰事典』戎光祥出版／『新修京都叢書　第十巻』臨川書店／『特選神名牒』（上・下）八幡書店／『伴信友全集　第二』国書刊行会／『松尾大社の神影』松尾大社

著者略歴

古川順弘（ふるかわ・のぶひろ）

1970年、神奈川県生まれ。早稲田大学第一文学部卒。文筆家（宗教・歴史分野）・編集者。出版社勤務を経て、執筆・研究活動に入る。主な著書に『物語と挿絵で楽しむ聖書』（ナツメ社）、『古代神宝の謎』（二見書房）、『人物でわかる日本書紀』（山川出版社）、『神社に秘められた日本史の謎』『仏像破壊の日本史』『古代豪族の興亡に秘められたヤマト王権の謎』（以上、宝島社）、『紫式部と源氏物語の謎55』（PHP研究所）などがある。

【写真提供】
岡田鴨神社、京丹後市観光公社、国立国会図書館、写真 AC、古川順弘

京都古社に隠された歴史の謎

知られざる古都の原像と信仰

2024年6月20日　初版第1刷発行

著　　者　古川順弘
発 行 者　江尻 良
発 行 所　株式会社ウェッジ
〒101-0052 東京都千代田区神田小川町1丁目3番地1
NBF小川町ビルディング3階
電話 03-5280-0528　FAX 03-5217-2661
https://www.wedge.co.jp/　振替00160-2-410636
装　　幀　佐々木博則
組版・地図　辻 聡
印刷・製本　株式会社シナノ

＊定価はカバーに表示してあります。
＊乱丁本・落丁本は小社にてお取り替えいたします。

ISBN978-4-86310-283-5　C0026